西南边境口岸
城镇化发展研究

Research on
Urbanization in
the Southwest Border Ports

翁 维——著

社会科学文献出版社
SOCIAL SCIENCES ACADEMIC PRESS (CHINA)

目　录

第一章 绪论

第一节 边境口岸城镇化建设的理念界定

一 口岸的内涵

口岸是国家进行政治、经济、文化、旅游、科技和移民等方面的外交往来，允许合法的对外贸易货物、人员和交通工具出入一国边境的港口、机场和车站等。[①] 口岸原意是指由国家指定的对外通商的沿海港口。但现在，口岸已不只是经济贸易往来（即通商）的商埠，还是政治、科技、文化、旅游和移民等方面的往来港口，同时口岸也已不仅设在沿岸的港口，随着陆、空交通运输的发展，对外贸易的货物、进出境人员及其行李物品、邮件包裹等，可以通过铁路、公路或航空直达一国腹地。因此，在开展国际联运、国际航空、国际邮包邮件交换服务以及其他有外贸、边贸活动的地方，国家也设置了口岸。改革开放以来，我国外向型经济由沿海逐步向沿边、沿江和内地辐射，使得口岸也由沿海逐渐向边境、内河和内地发展。现在，除了对外开放的沿海港口之外，口岸还包括国际航线上的机场，山脉国境线上对外开放的山口，国际铁路、国际公路上对外开放的火车站、汽车站，国际河流和内河上对外开放的水运港口。因此，口岸是由国家指定的开展经济、政治、科技、文

[①] 中国口岸协会编著《中国口岸与改革开放》，中国海关出版社，2002，第12页。

1

化、旅游和移民等方面的外交往来活动，并供人员、货物和交通工具出入国（边）境的港口、机场、车站等通道。简单地说，口岸是指定的对外往来的门户。[①]

从口岸功能来看，口岸主要有两大功能：一是对外贸易，二是维护国家主权和边境稳定。从口岸类型来看，口岸类型的划分标准各异。按口岸重要程度和管理层次划分，口岸分为一类口岸和二类口岸。其中，一类口岸由国务院批准开放，二类口岸由省、自治区或市人民政府批准开放。按口岸性质和运输方式划分，口岸分为航空口岸、水运口岸和陆运口岸。口岸的分类如表 1 - 1 所示。

表 1 - 1　口岸的分类

分类依据	口岸类型	简要说明
重要程度和管理层次	一类口岸	允许中国籍和外国籍人员、货物、物品和交通工具直接出入过境的海（河）、空客货口岸
	二类口岸	允许中国籍、邻国籍人员、货物、物品和交通工具直接出入国境的铁路车站、界河港口和跨境公路通道
性质和运输方式	水运口岸、陆运口岸、航空口岸	根据口岸开放的程度，允许人员或者货物出入口岸

资料来源：笔者整理。

二　边境口岸的意涵

边境在政治学和地理学上指邻近国界、边界的区域范围，一般来说有着特殊的重要性，它是甲国与乙国边界（国界）之间的部分禁区。非法入境、走私以及其他跨国犯罪活动日益猖獗，破坏他国领土完整等触犯法律的行为也时有发生，因此，边境禁止频繁活动。设置边境的目的是提供一处缓冲地带，以便安保部队能够维持甲国与乙国的边界完

[①]　刘锋、钱谊、逯宇铎、刘媛媛编著《国际物流》，清华大学出版社，2012，第 69 ~ 70 页。

整，并且有利于打击非法入境及其他跨境犯罪。必要时政府可以将边境禁区范围扩大，并利用围墙和铁丝网等工具防止非法入境。

边境口岸因其地理位置的特殊性成为改革开放初期我国走向国外的窗口，纵观历史发展进程，早在明朝郑和下西洋时，口岸及边境地区就受到了特殊的重视，可以看出沿海城市在对外经贸活动中占有重要地位。如今，伴随着区域经济一体化的进程，对外的进出口贸易、人员的境外旅游已屡见不鲜，边境口岸为人员和货物的出入境提供了一个特定的区域活动范围，可见边境口岸在国际经贸活动中的地位越来越重要。

沿海的城市港口地区是边境口岸早先的定义，是国家允许的与别国开展对外贸易的唯一货运中转站。如今，边境口岸不再是局限于进出口商品出入境的特定区域，而是增添了与别国间的科技交流、文化传播以及境外旅游等新活动在内的全新通道和港口。边境口岸在地理学意义上是指邻近边界、国界的区域范围，具有特殊的重要性。边境口岸是口岸城市及腹地与邻国对应城市之间直接由铁路、公路、河运航线及航空线路等交通线路相连接的通道。[①] 当今世界，各国的经济联系日益密切，带动了边境口岸城市经济的发展，边境口岸的发展对当地经济发展具有深远的影响。纵观历史发展进程，基于地理位置优势的考虑，一些发达国家起初都把重心放在边境口岸的发展和建设上，例如日本和新加坡，其口岸经济带来的效益都很高。我国的主要边境口岸及对应的边境贸易区如表 1-2 所示。

表 1-2　我国的主要边境口岸和边境贸易区

边贸区	省区	边境口岸
东北	黑龙江	黑河、嘉荫、萝北、东宁、密山、佳木斯、同江、饶河、虎林、富锦、逊克、绥芬河、呼玛、孙吴、绥滨、抚远、桦川
	吉林	大安港、珲春、圈河、图们、开山屯、三合、南坪、临江、集安、沙坨子、古城里、长白、青石、老虎哨

---

① 李巧莲：《黑龙江省沿边口岸发展研究》，硕士学位论文，哈尔滨商业大学，2015。

续表

边贸区	省区	边境口岸
东北	辽宁	丹东
	内蒙古	满洲里、黑山头、室韦、二卡、胡列也吐、二连浩特、策克、甘其毛都、珠恩嘎达布其、阿日哈沙特、满都拉、额布都格、阿尔山、巴格毛都
西北	新疆	阿拉山口、霍尔果斯、吐尔尕特、红其拉甫、巴克图、乌拉斯台、伊尔克什坦、塔克什肯、红山嘴、阿黑土别克、都拉塔、吉木乃、木扎尔特、乌什别迭里、卡拉苏、老爷庙
	甘肃	马鬃山
西南	云南	畹町、瑞丽、河口、勐腊、景洪、思茅、金水河、麻栗坡、片马、腾冲、盈江、章凤（陇川）、南伞、孟定、孟连、打洛
	广西	凭祥、友谊关、浦寨、水口、龙邦、平孟、东兴、爱店、里火
	西藏	樟木、吉隆、日屋、普兰

资料来源：笔者整理。

本研究定位于西南地区的边境口岸，即云南、贵州、西藏、重庆、四川等西南地区的边境口岸。由于贵州、重庆、四川属于内陆地区没有边境口岸，而广西根据经济属性划分属于西南地区，因而本研究将其纳入西南民族地区边境口岸研究范围。所以本研究探讨的是云南、西藏、广西三个省区的边境口岸的城镇演化机制。

云南地处中国西南边陲，毗邻越南、老挝、缅甸三国，具有4060公里的边境线。在如此漫长的边境线和广袤的边疆域土上，分布着17个国家一类口岸和7个二类口岸。其中一类口岸，包括思茅港、西双版纳景洪港2个河港口岸，昆明长水机场、西双版纳机场、丽江三义机场3个空港口岸，河口口岸1个铁路口岸，以及磨憨口岸、瑞丽口岸、畹町口岸、天宝口岸、金水河口岸、猴桥口岸、清水河口岸、打洛口岸、河口公路口岸、江城勐康口岸、都龙口岸等11个陆路口岸。二类口岸，包括盈江口岸、章凤口岸、南伞口岸、孟连口岸、沧源口岸、片马口岸、田蓬口岸等。

西藏有边境县21个，边境乡104个，边境地区总面积约为34.35万平方公里，人口有40余万。西藏同邻国及我国其他地区接壤的陆地边境线长 3842 公里。全区共有 5 个国家边境口岸，已开放的边境口岸有樟木、普兰、吉隆、日屋。其中，樟木、普兰、吉隆口岸为国家一类边境口岸。

广西属于华南地区，因应需求进行自我定位，在改革开放初期，国家给华南的优惠较多，所以广西声称地处华南，但在中央提出西部大开发的政策时，广西又适时地调整了自己的定位。因为广西一直相对落后，国家考虑到广西的实际情况便把广西划到了西部。所以广西在地理位置上属于华南地区，但是从经济角度来说，西南区域经济发展缓慢，广西又属于西南地区。越南与中国广西接壤，中越两国民间往来不断，边境贸易关系日益密切。两国边界线长 1347 公里，广西开放的国家级陆路边境口岸有东兴、凭祥、友谊关、水口、龙邦、平孟、爱店、峒中。

三 边境口岸城镇化建设的范围界定

口岸城镇是随着口岸进行限定并直接管辖口岸的建制镇。城镇具有特定的外在景观，但同时是一系列城镇制度的集合体，也代表一种生活方式或习惯。口岸城镇具有城镇的外在景观，但除城镇的一般特征之外，其特殊之处在于囊括口岸所特有的国门、通道、检验检疫等设施。因此，口岸城镇这一概念的核心在于"口岸"，是包含口岸景观的城镇，口岸城镇作为口岸经济的载体，强调外向化的市场经济，以市场经济制度为主要经济制度架构。但口岸城镇的文化制度架构与乡村存在差异，口岸城镇强调以口岸为核心的生活方式，既包含城镇的非农业工作方式，又参与口岸经济的生活习惯。因此，可按城镇这一概念，以口岸为核心，同时从景观制度及生活习惯等范畴来研究城镇化。

首先，必须意识到"城镇化"不等同于"城市化"，我国"城镇化"概念强调大中型城市要同城镇发展保持协调。相关研究认为，"口岸城镇化"是中国边境地区建设特色口岸城镇的一种方式。口岸城镇化是一个动态发展过程，一般有两种发展模式。第一，口岸自身城镇化，即口岸通过经历贸易过货型、加工制造型和综合功能型三个由低级向高级的发展阶段，最终建成独立的建制市或建制镇。第二，口岸依托载体城镇发展，即口岸自身发展能力薄弱，必须依靠载体城镇发展壮大，且逐渐与载体城镇有机融合为一体，成为载体城镇资源要素自由流动和合理配置的一个通道。

口岸城镇化是口岸向城市城镇形态发展的过程，口岸是基础和起点，口岸城镇化是口岸建设的发展过程和新发展形式，是口岸区域经济社会发展的成果和表现。沿边口岸城镇，以口岸资源为核心，形成了特色的口岸经济，口岸经济是口岸城镇经济的主要支撑，但口岸城镇经济具有更为广泛的范畴。口岸城镇经济在基础设施、社会设施、社会服务等方面为口岸经济提供支撑，口岸城镇的发展建立在口岸经济发展的基础上。口岸城镇经济的不断发展是口岸城镇化的内生条件，而口岸城镇化是口岸城镇发展的外化形式（见图1-1）。

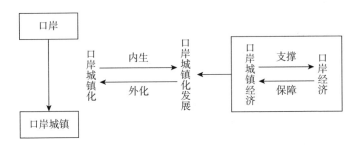

图1-1 口岸城镇化发展机制结构

第二节 城镇化理论及其发展历程

一 城镇化的概念及其发展阶段

（一）城镇化的概念

城镇化是一个历史范畴，同时也是一个发展中的概念。在国外，学者对其有多种解释，Kent P. Sehwirian（肯特）和 Jhon W. Prehn（佩里）认为，城镇化是城市中心的理念和实践向城市周围地区辐射的过程，是人们行为模式以及思考方式的转变过程，是城市人口不断增加的过程。美国的《世界城市》指出，城镇化是人口从乡村向城市运动，并在城市从事非农工作，从而使乡村生活方式向城市生活方式转变的过程。在国内，《中共中央关于制定国民经济和社会发展第十个五年计划的建议》首次正式采用"城镇化"一词，肯定了城镇化的必要性，并指出发展小城镇是推进我国城镇化的重要途径，但对何为"城镇化"却未进行明确定义。随后，在我国不断探索实践城镇化的过程中，国内不少学者开始从不同学科角度对城镇化的概念进行界定。人口学认为城镇化是人口从农村地区向城镇流动，使农村人口比重减少，城镇人口增加的过程；[①] 地理学认为城镇化是农村向城镇转变，实现生产力空间布局的转换，缩小城乡差别的过程；[②] 社会学认为城镇化是农村生活方式转化为城镇生活方式，并最终形成市民社会的过程；[③] 经济学认为城镇化是人类社会现代化和经济增长的伴随产物，是由农村自然经济结构转化为城镇社会化大生产的社会经济结构，通过生产要素聚集，发挥禀赋优势，促进产业结构升级，从而拉动城镇经济发展的过程。

综上所述，城镇化是指社会生产力发展到一定程度后引起的农村生产方式、生活方式以及居住方式向城镇转变的过程。具体表现为一个国家或地区农业人口转化为非农业人口，即人口由农村向城镇转移；农村区域面积不断减少，城镇区域面积不断增加，城镇居民生活质量不断提高，观念不断更新，并影响到农村地区，带动着农村居民生活方式向城镇居民靠近，农业生产方式由小生产逐渐向社会化的大生产转变。

1. 中国城镇化的发展

从中国城镇化发展历程看，主要有三个阶段。

第一阶段：工业化起步时期（1949～1957年）。1949～1952年，国

---

① 路遇：《山东人口迁移和城镇化的新趋势》，《东岳论丛》1989年第2期。
② 谭成文、杨开忠：《京津第三产业分工协作特征》，《经济地理》1999年第6期。
③ 李强、陈宇琳、刘精明：《中国城镇化"推进模式"研究》，《中国社会科学》2012年第7期。

家对过去在半殖民地半封建社会条件下形成的旧城市进行了改造，整顿城市社会秩序，强化城市生产功能，生产迅速恢复，使城镇吸收劳动力能力在恢复的基础上得到了扩展。"一五"计划期间，由于156项重点工程在各大中城市的布点和实施，大大推进了城市化的健康发展，其间还诞生了11座新城市。

第二阶段："大跃进"与"文革"前后（1958～1977年）。1958年的"大跃进"导致大量农民涌进城市，特别是"大炼钢铁"，更进一步加快了城镇化的发展步伐。1961年，国民经济开始进行调整，出现第一次逆城镇化现象。1966年"文化大革命"开始后，大批知识青年上山下乡，不少干部被下放到农村，导致城市经济明显衰退，城市人口机械增长已成负值，出现第二次逆城镇化现象。

第三阶段：改革开放时期（1978年至今）。1978年，中共十一届三中全会及时做出了全党工作重心转移的战略决策。随着农村改革的逐步推进，城市改革也开始起步。1984年，小城镇发展问题第一次受到中央政策的肯定与支持，其标志是同年1月发布的《中共中央关于1984年农村工作的通知》和10月发布的《国务院关于农民进入集镇落户问题的通知》。至此，与乡镇企业发展相匹配的城镇化战略渐次走进人们的视野。从1984年中共十二届三中全会以后，到1992年中共十四大召开之前，以城市改革为重点的经济体制改革推动着城市化的发展。2000年，中共十五届五中全会进一步提出了积极稳妥地推进城镇化的战略目标，指出发展小城镇是推进我国城镇化的重要途径，之后颁发了《中共中央关于促进小城镇健康发展的意见》。2001年，九届全国人大四次会议通过的《中华人民共和国国民经济和社会发展第十个五年计划纲要》，把城镇化战略提升为与科教兴国战略、可持续发展战略、西部大开发战略地位相等同的国家战略，使中国的城镇化迈入一个新的发展阶段。1978年，全国只有2176座口岸城镇，2000年猛增到20312座，有近90%是1978年之后增建的，年均增建820多座。2002年，九届全国人大五次会议再次提出，"积极稳妥地推进城镇化，促进农村劳动力向非农产业转移"。2002 年召开的中共十六大，进一步明确了城镇化的重要战略地位。在"十三五"规划中，国家进一步提出了"坚持以人为本，推进以人为核心的城镇化"的城镇化发展原则，推进以人为核心的新型城镇化建设。

2. 世界城市化的发展

城市化（Urbanization）的内涵是多层次的。马克思在《政治经济学批判》中指出："现代的历史是乡村城市化，而不像在古代那样，是城市乡村化。"城市化作为一种社会经济发展过程中的结构转换，其起点是工业革命的兴起，即从 18 世纪 60 年代起，人类就开始了城市化进程，工业化发展推动城市化进程。根据钱纳里的世界发展模型，在工业化率、城市化率同处于 13% 左右时，城市化开始加速，并明显超过工业化率。现代工业社会在很大程度上是城市社会，城市化是现代化的重要特征之一。

第二次世界大战结束后，无论是发达国家还是发展中国家，其城市化进程都以前所未有的速度向前推进。1950 年，世界城市化平均水平是 29.2%，发达国家的城市化水平为 53.8%，其中城市化水平达到或超过 60% 的国家只有 37 个。到 1990 年，世界城市化平均水平达到 42.6%，发达国家达到 72.8%。在过去的半个世纪，各个国家城市化发展进程和模式存在较大差异。从总体上看，发展中国家和发达国家呈现不同的模式和特征，主要表现在以下三大方面。

一是过度城市化（Over Urbanization）。这种过度主要是指发展中国家在城市化过程中，由于人口的过度集聚超过工业化和城市经济社会发展水平的承载能力，致使大量人口面临无保障状态。过度城市化所引起的一系列社会经济问题，被称为"城市病"，其主要特征是城市交通拥挤、住宅短缺、失业严重、环境污染、犯罪率高等。发展中国家工业化和农业发展基础薄弱，当大量农村人口涌入少数大城市时，城市人口就会过度膨胀，而基础设施、就业机会和生活条件却不能满足需求。20世纪六七十年代，在许多第三世界国家中，尽管城市失业率和就业不足比率呈上升趋势，但农村人口仍然大量向城市地区流动，从农村流入城市的人口并没有多少被城市产业所吸收，而是大部分滞留在城市，生活在贫民区。这种过度城市化不仅制约着城市社会、经济的发展，而且也以牺牲农业发展为代价。

二是逆城市化（Counter-urbanization）。逆城市化是指城市人口和部分城市工业及其他非农产业向城市边缘区或其他外围地带扩散的过程。这种现象主要出现在发达国家，而且从 20 世纪 50 年代一直持续到 80 年代。逆城市化的显著特征是大都市市区的人口因流失而造成负增长，同时伴随着城市空间的拓展以及郊区城市化的过程。逆城市化不是对城市化的否定，而是既保持了大城市聚集效应的原有优势，又使城市发展空间得到拓展。

发达国家逆城市化的直接动因是城市居民追求贴近自然的较低密度的生活空间和较好的生态环境和居住条件，同时又能享受城市的文化生活和服务。1950 年到 1980 年，美国中心城市人口比例下降了 17.4 个百分点，居住人口的重心由中心城区转向郊区，以致城市人口的 60% 住在郊区，只有 40% 住在中心城区。

发达国家逆城市化现象是建立在高度发展的工业化和非农产业现代化基础之上的，其对减轻城市中心区人口、就业和环境压力起到了积极作用，并通过这种辐射作用促进了郊区城市化和农村生活城市化。但是，这种逆城市化也产生了一些负面效应：城市空间过度扩展，使原有城区的基础设施使用效率下降，降低了城市的聚集效应；城乡之间交通流量增加，加大了能源消耗，并对环境造成污染和破坏，从而使郊区城市化过程中的社会成本和生态环境代价提高。

三是再城市化（Reurbanization）。20 世纪 50 年代以后，发达国家的一些大都市中心区人口经历了一个较长时间的负增长过程，到 80 年代开始回升。从 1980 年开始，美国纽约等大城市人口开始有所增长。在英国，整个伦敦的都市中心区人口曾连续三十多年呈现下降趋势，1985 年起也开始缓慢增加。这种人口回流中心区的现象，被称为"再城市化"。

再城市化发生的原因是多方面的。发达国家政府逐步认识到郊区化、逆城市化也会对社会、经济、环境等方面造成许多负面影响，因此，其开始加大对城市化过程的调控力度。20 世纪 80 年代以来，大城市开始复苏。90 年代初，欧共体提出在欧洲发展密集型的城市，试图减少私人小汽车的出行里程、保护耕地、减少郊区化的不良影响。再城市化是逆城市化之后城市化发展的又一个重要阶段，通过再城市化，逆城市化所释放出来的空间得到开发和利用，城市中心区的"空心化"现象得以转变。从产业布局上看，通过再城市化，中心区老化的产业结构得到进一步调整，城市的产业和人口聚集功能的潜力得以释放，新的就业岗位涌现出来。再城市化是城市发展的深化阶段，它使得大都市的城市功能和城市体系更加充实完善。

城市化与工业化适度同步发展，是发达国家城市化过程的主要规律。到 20 世纪末，发达国家城市化平均水平已经超过 70%。无论是发达国家还是发展中国家，在推进城市化过程中都积累了许多经验和教训，值得我们借鉴。

（二）城镇化的衡量指标

由于中国学界对"城市"的界定不清，中国城镇化的衡量指标在学术界一直是一个很有争议性的研究问题。在美国的城市经济研究中，"人口"是用来衡量城镇化水平的一个常用的指标。然而，这一指标如果在中国应用的话却需要格外细心。因为新中国成立后设立了户籍制度，将人口分为拥有城市户籍和拥有农村户籍的两类人群，这两类人群都是在户口登记的所在地注册的人口，而户籍类型又与户口所在地的社会福利直接关联，这些福利包括单位住房、公费医疗、科教卫生、就业、婚姻以及改革开放前的粮食配额等。自 1958 年 1 月 9 日《中华人民共和国户口登记条例》颁布以来，户籍制度以法律的形式严格限制农村户籍人口进入城市，也限制了城市间的人口流动和在国内的自由迁徙，在城市与农村之间、城市与城市之间构筑了制度的高墙。这一制度性阻隔在改革开放以后才有所减弱，尽管一些地方政府和学者一直在探索取消农业、非农业户口的界限，试图建立一个城乡统一的户口登记管理制度。但直至今天，户籍制度仍然存在，而且仍然影响着人口的自由流动和社会资源的分配。

户籍制度对城镇化衡量指标的影响在于以下两点。（1）它造成了人口的空间信息在户口所在地和实际居住地之间的错位。在城市户口所在地注册的人可以迁移到其他城市或其他农村地区，在农村户口所在地注册的人也可以迁移到其他城市或农村地区去，这就造成了通常所说的"人户分离"现象。在改革开放之前，户籍制度的执行力度非常强大，人口流动极其不易，"人户分离"的现象并不明显或普遍；在改革开放之后，随着户籍制度的部分放开和改革，以及经济发展对人力资源的需求增加，人口流动无论是在绝对数量上，还是在空间尺度上，都越来越强烈，"人户分离"已成为人口统计和城镇化研究中一个需要特别关注的现象。（2）从城市人口从事非农业的生产经济活动的角度而言，户籍制度也可造成城市人口的统计误差，因为在城市行政管辖范围内的，拥有农村户籍并实际从事农业生产活动的人口，可能被统计到城市人口中去；或者在城市管辖范围内的，拥有农村户籍但已迁入城市并从事非农产业的人口，可能被排除在"城市人口"的统计之外。这些都给人口统计的口径和准确性带来很大的争议。而且由于中国特殊的户籍制度和行政建制的"城市"定义，在人口统计中出现的衡量指标无论是在指标本身的定义上，还是其概念在跨时间持续一致的程度之上，都很难获得一个可以用于对比分析的城市人口衡量指标。

人口是衡量城镇化水平的一个比较常用的指标。但当中国的人口指标存在问题的时候，学者们就开始从其他的角度，采用其他的指标，或者对人口指标做相关的调整来测量中国城市经济的发展水平和发展趋势。例如，从城市土地面积这个角度来考察中国城镇化的基本趋势，有学者发现中国城市的空间增长速度高于城市人口的增长速度，城市人口密度在 2000～2005 年呈下降趋势。而这又和地方政府的财政依赖土地买卖、户籍制度对人口流动造成限制密切相关。但是笔者使用"城市建成区面积"的相关数据也有潜在的问题。如前所述,"城市"这一概念到目前为止,还"没有全国统一的地域划分标准和统计指标",只有具体到某一城市的规划部门才知道"建成区"的划分依据[①],而且能获取相关数据的年份也有限。

Au 和 Henderson[②]、陈爱民、E. Coulson[③] 在他们的文章里指出,因为中国的城镇边界不断变化,而且对流动人口的统计有误差,在衡量城镇化水平时,他们没有采用人口统计提供的城镇人口和常住人口数据,而是用非农业从业人口来衡量各城市的城镇化水平和发展趋势。[④] 通过实证分析,Au 和 Henderson[⑤] 发现中国大部分城市的城镇化水平偏低,这种偏低的城镇化水平主要是中国实施的户籍制度限制了人口的自由流动导致的。

李文溥、陈永杰[⑥]则利用国民经济中从业人员的就业比重推算总人口中城镇化人口的比重,他们用 2000 年的市镇人口进行比较,发现按照国民经济就业人口结构推算的实际城镇化人口比例和按照市镇人口加外来人口计算的实际城镇化人口比例非常接近。

陈甬军[⑦]则提出根据市镇中的农业人口,尤其是从事非农业工作的农业人口也应归入城镇人口的思路。

有的学者从中国城市数量的变化,或第二、第三产业的产值比重来

---

① 周一星、史育龙:《建立中国城市的实体地域概念》,《地理学报》1995 年第 4 期。
② Au,Henderson,"Are Chinese Cities Too Small?",*Review of Economic Studies*,73(3).
③ E. Coulson,"Development of Technical Reintroduction and Pupulation Monitoring of Radiated Tortoises Astrochelys radiata in Southern Madagascar",*Open Access Library Journal*,2014.
④ Au,Henderson,"Are Chinese Cities Too Small?",*Review of Economic Studies*,73(3).
⑤ Au,Henderson,"Are Chinese Cities Too Small?",*Review of Economic Studies*,73(3).
⑥ 李文溥、陈文杰:《经济全球化下的产业结构演进趋势与政策》,《经济学家》2003 年第 1 期。
⑦ 陈甬军:《中国特色的中国城市化道路》,《理论参考》2010 年第 2 期。

分析中国城镇化水平及其发展趋势。[①] 但需要考虑的是，中国城市的数量变化和中央政府推行的市镇定义及城市体系的改革直接相关，而这些改革可能会使原来的一个低等级的城市一夜之间升级为更高等级的城市，即便其经济发展水平和居民的经济活动结构并没有质的飞跃。但也有学者对采用第二、第三产业的产值来分析城镇化水平的做法提出了质疑，因为采用第二、第三产业衡量指标的学者往往发现"中国不是城市化滞后，而是隐性超城市化"。这是因为"工业生产的 GDP 中有很大一部分是由乡镇企业和进城打工的农民生产的"[②]，工业产值能反映这些企业和这一部分人对城市经济的贡献，但由于乡镇企业生产的小规模性、布局的分散性和土地资源利用的不经济性，它们聚集的人口不能完全算在非农人口之中。按现行户籍制度的非农业人口，甚至是常住人口来衡量的城镇化水平则可能忽略这一部分人，由此计算出来的城镇化水平往往低于工业化水平，人为地造成了城镇化滞后的假象。[③]

也有学者采用综合指标法衡量城镇化水平。日本东洋经济新报社的学者在《地域经济总览》中提出用 9 项指标来测算"城市成长力系数"，这 9 项指标分别为：地区总人口、地方财政年度支出额、制造业从业人数、商业从业人数、工业生产总值、批发业总额、住宅建筑总面积、储蓄额、电话普及率。"计算方法是：两个不同时期上述 9 项指标的增减额除以各项指标的全国平均水平，再将所得标准值求算术平均，所得结果即该城市的成长力系数。这个方法可以刻画一个城市的相对发展水平，但是无法反映一个地区的城镇化绝对水平。"[④]

---

① 鲍海军、吴宇哲：《环境伦理型农地整理规划设计与运作模式探讨》，《经济地理》2003 年第 3 期。
② 鲍海军、吴宇哲：《环境伦理型农地整理规划设计与运作模式探讨》，《经济地理》2003 年第 3 期。
③ 鲍海军、吴宇哲：《环境伦理型农地整理规划设计与运作模式探讨》，《经济地理》2003 年第 3 期。
④ 林毓鹏、李文溥：《福建省城市化水平：测量与分析》，《福建论坛》（经济社会版）2000 年第 11 期。

日本城市地理学家稻永幸男在研究东京郊区地域构造时提出一个城市度复合指标，用来研究东京郊区城市化的推进情况。他所提出的城市度复合指标包括下面几个类别。第一类为地域规模的指标：面积、人口总数；第二类为位置指标：相对于东京市中心的时间、距离；第三类为经济活动指标：财政收入、工业产值、商品销售率、耕地面积、电话普及率；第四类为静态人口结构指标：第一、第二、第三产业人口率，管理人口率，雇佣人口率；第五类为动态人口结构指标，包括人口增长率、通勤率、劳动就业率。[①] 在这些指标之上，稻永幸男利用因子分析法将各指标标准化，并在坐标图上标出，对比分析各地的城镇化水平。

另有一部分学者提出设置实体性的城镇统计区。例如周一星建议用"建成区下限人口规模、非农化水平和人口密度三个指标来定义城市实体地域"[②]，并提出4项具体指标。（1）凡6万人以上的城市型建成区需要划定城市统计区，凡2000人到6万人的城镇型建成区需要划定城镇统计区。2000人以上的城镇型居民区属于城镇范畴，列入城镇人口统计。（2）城市统计区范围的大小由平均非农化水平不低于70%和人口密度不低于每平方公里2000人加以控制。（3）中国的城市实体地域可能需要包括邻近的乡，这是由于中国较大城市的近郊，虽然体制上属于乡村组织，人口类别属于农业人口，但经济结构却可能以非农业活动为主。（4）城镇统计区是较小的城镇实体地域，点多、分布面广，标准可以略为宽松，建议以人口密度不低于每平方公里1000人，非农化水平不低于65%作为下限标准确定其边界，不打破村委会的界限，在此地域空间上再做人口统计的工作。在本书中，我们将结合以上研究成果采用不同的指标分析西南边境口岸城镇化的发展机制。

---

① 林毓鹏、李文溥：《福建省城市化水平：测量与分析》，《福建论坛》（经济社会版）2000 年第 11 期。

② 周一星：《建立中国城市的实体地域概念》，载《城市地理学》，商务印书馆，1995。

二 城镇化的发展模式

（一）国际城镇化发展模式

从国际角度来看，城镇化的发展模式主要有两种，即集中型城镇化和扩散型城镇化，两种模式对城镇化进程都起过重要作用。

1. 集中型城镇化。集中型城镇化主要发生在 20 世纪前期，也就是城镇化初期，主要表现为：城镇凭借自己的集聚能力，不断把更多的人口、劳动力、资金、技术等吸引到自己的"躯体"中来。城镇之所以具有这种聚集力，是因为城镇具有较高的工资和福利待遇、较广泛的服务、较安全的社会保障等优势条件，而农业现代化程度的不断提高又迫使人们必须离开乡村，这一拉一推促进了农村人口的城镇化。

集中型城镇化所带来的经济效益称为集聚经济效益，有些文献又称聚合经济效益，即厂商容易从同一城镇的其他厂商那里获得必需的原料，销路和产前、产中、产后服务而产生的经济效益。法国经济学家维德马耳利用瑞士的资料计算得出的结论是，100 万人口的城镇经济效益比 2 万人口的城镇高 220%，比 20 万人口的城镇高 40%，比 40 万人口的城镇高 19%。可见，城镇的规模越大，集聚经济效益就越高。

但是，集中型城镇化过于注重某一城市的集聚发展，极易导致以下弊端。（1）出现城市病。随着城镇规模的拉大，市中心的承载量容易出现饱和状态，加之国家对于城镇的治理滞后，这时的城镇极易出现环境污染严重、社会秩序混乱、交通堵塞、犯罪率上升等一系列问题。（2）城乡差距进一步拉大。由于集中型城镇化过于偏重某一城市的发展，对农村的辐射带动作用不大，这种"城镇的城镇化"无法拉动农村的城镇化，而且城镇规模的扩大、城镇集聚经济效益的增大，将进一步拉大城乡差距，不利于城乡协调发展。（3）其他弊端。如城镇地价上升导致生活成本加大。但随着资金、技术等不断向城镇外扩散，也会带来扩散型城镇化的产生。

2. 扩散型城镇化。扩散型城镇化主要发生在 20 世纪后期，也就是城镇化的后期，主要表现为三种形式：（1）随着城市规模的不断扩大，不少城市特别是中心城市（如国家的首都、国际著名的旅游城市）的企业和人口不断向城市郊外扩散，形成"市郊化"；或者向更远地区扩散，形成以中心城镇为核心，周围布满中型口岸城镇的大城市区，即"卫星城镇化"。这是目前发达国家城镇化的重要形式。（2）大城市的企业和劳动力没有向周围扩散，但以技术和资金扩散的形式带动了周围中口岸城镇经济的发展。这种扩散主要采取联营、零部件委托加工、技术指导等方式。（3）交通技术（如铁路、高速公路建设技术等）的发展，不仅使过去相互分离或联系不紧密的两个或多个大城市彼此紧密联结起来，促进了城市资源的共享，并且由这些资源带动了铁路或高速公路沿线经济的发展，形成了一种新的、像走廊一样狭长的、特殊的经济发展地带，人们称之为"发展走廊"。

扩散型城镇化所带来的经济效益又称为扩散经济效益，也就是厂商在城镇之外寻找到的更加广阔的生存空间里所创造的经济收益，这种收益在扩散的空间里被创造，又为扩散的空间所享受。这种收益不独为城镇厂商所具有，还为城镇之外的其他厂商或居民所具有。

由此可见，扩散型城镇化是城乡区域综合发展的城镇化形态。所谓城乡区域综合发展，从城镇化的角度来说，是指在一定区域内完善城—镇—乡建设体系，以及合理地配置好各类不同规模的城市结构，以形成合理的城市等级规模序列。这种模式注重城乡协调发展、区域综合发展。

（二）国内城镇化发展模式

1. 东南地区的三种模式。苏南模式、珠江模式、温州模式分别为我国江苏南部地区（主要指锡苏常地带）、珠江三角洲地区和浙江滨海商埠地区的农村经济发展模式。我国农村城市化是以小城镇为载体的城市化，是我国人多地少的国情下的一种特有形式，也是我国城市化进程的一个特殊阶段。这三种模式基本代表了我国最高水平的农村经济模式和典型的农村城市化模式。

在这三种模式中，苏南模式和珠江模式的主要动力机制均为乡村工业化和农村剩余劳动力转移，但作用于这两个模式的动力本身却有很大的差异。而温州人头脑灵活，富有经商意识的特点，使温州模式在工业化的基础上又探索出了四处经商的路子。

苏南模式依托集体资金积累和地方政府介入，是自内和自下的，乡镇企业以集体经济成分居多。但进入 20 世纪 90 年代以来，乡镇企业产权制度改革启动，制度创新的结果使民营企业迅速发展壮大，成为乡镇企业发展的重要支撑。因此，有学者提出，苏南模式已经终结。珠江模式依托外来资金和优惠政策，是自外和自上的，合资、合作、外资企业占大多数。温州模式又不同于前两者，它主要依靠民营经济而成长，是在市场经济的洗礼下摸索出来的，经济的载体多为家族形式的民营私企（目前已出现所谓的"新温州模式"），农村剩余劳动力的转化以本地农民就近转化为主。珠江模式突出表现为外来劳动力的异地转化，温州模式则更多表现为本地农村剩余劳动力的异地转化（主要指外出经商、投资）。

2. 西部欠发达地区城镇化模式探索。当前国家启动的西部大开发计划，为加速西部的城镇化进程注入了新的活力，带来了难得的契机。鉴于西部与东南沿海发达地区在经济基础、自然资源、人文环境、生态环境、文化传统等方面存在的诸多差异，西部地区的城镇化模式自然应有别于东南部模式，不能照搬照抄，必须从当地实际和实践出发，积极探索具有西部特色的城镇化模式和发展路径。

第一，资源开发型模式。西部地区的自然资源如矿产和燃料资源、水资源、土地资源、动植物资源等极其丰富，开发潜力巨大。在我国已探明储量的 156 种矿产资源中，有 138 种在西部地区。动植物等物种资源更是多种多样。因此，资源开发型的城镇化模式是适合西部地区现实情况的，具有相当的可行性。在资源密集的地区，可以资源开发为龙头，发展基础工业（如开采业、采集业等）和基础水利设施，并在此基础上发展加工业，形成成片的工矿区，以工矿化促进城镇化。同时，国家宜采取扶持西部发展的优惠政策，优先在西部地区安排资源开发和基础建设项目，引导更多的外资投向西部。我国湖北省十堰市、黑龙江省大庆市、甘肃省金昌市等城市的形成基本符合这种模式，都是在开发、利用当地资源的条件下，先形成工矿区，然后在此基础上不断完善城市功能和扩张城市规模，以此来带动和加速西部地区的城镇化进程。

第二，旅游开发型模式。广袤的西部地区拥有色彩缤纷的自然景观、文化历史、民族宗教等旅游资源，许多地方皆有待开发。通过大力发展旅游业，可带动当地的基础设施建设和城市发展，拉动商贸、运输、房地产、食品和服务业的发展，直接增加财政收入。更重要的是，由此带动的各行各业的发展，能创造大量就业岗位，吸纳农村剩余劳动力，从而加速农业人口向非农业人口的转化，促进城镇化。近几年，我国居民国内旅游继续保持旺盛活力，旅游业作为国民经济新的增长点的地位得到了进一步巩固和发展。

第三，边贸带动型模式。西部地区边境线漫长，与多国接壤，因此，在具备与国外开展边境贸易条件的地区，可以因地制宜地利用当地独特和有利的地理条件和人文环境，进一步促进边境贸易的发展，以贸易带动经济发展，吸引外地客商从事边贸活动，推动边境口岸城镇的形成、建设和发展。目前，广西、云南边境贸易发展较快。

三　城镇化发展的相关理念

加快我国城镇化发展是我国全面建设城镇化社会和实现现代化的必由之路，尤其像我国这样一个有着几亿农民的发展中国家，城市化更是一个绕不开的课题。中国的城市化道路该如何走？朝什么方向发展？国内经济界专家学者及政府有关方面都进行了深入广泛的研究，并提出了相应的对策建议。

（一）关于城镇化形式和规模

1. 城镇布局。在城市化发展中期阶段应有目标有计划地培育一大批大中城市，真正打造出具有较强经济辐射能力的区域中心城市。在城市化后期阶段以及大中城市已经分布密集的地区鼓励发展口岸城镇，从而在大中城市周边形成有发展活力的卫星城。目前我国正处在城市化中期阶段，也是城市化发展最快的时期。从数量和布局上看，大中城市与口岸城镇发展还不协调，口岸城镇数量偏多，全国现有 2 万多个；大中城市数量偏少，全国只有 650 多个；区域中心城市更少，特别是中西部地区骨干性大中城市奇缺。有计划、有目标地增设一定数量的大中城市，是城市化发展的必然要求。

2. 有重点地发展口岸城镇。要把口岸城镇发展的重点放在现有的县城和部分基础条件好、发展潜力大的县城和建制镇，加大对口岸城镇建设的投入。同时，走郊区城市化、城市郊区化的发展之路。从我国地区之间经济发展水平差距考虑，城镇化的重点应放在中小城市和中心镇的建设上，有条件的地方，可以在城市周围发展城市化。中心镇发展到 10 万人以上的，可以改为市。

3. 卫星城建设。建造卫星城，可以加快城市化的进程，加快农村人口向城市的转移，疏散和缓解中心城区人口。卫星城可有不同类型：一是综合型城市；二是有重点产业的城市，像工业、金融、文化、科技等产业，它们可与大城市形成分工协作的整体；三是能增加就业机会和促进多种服务发展的城市。一些城市已具备了人口郊区化和建设卫星城的条件，应根据经济发展和城市化水平来确定建设哪一类的卫星城。根据国际经验，当人均 GDP 达到 3000 美元（1990 年）时，大城市周围有可能出现富人外迁和大量工业企业外移的人口郊区化现象，即具备了建设卫星城的条件。我国目前一些大城市如深圳、上海、广州、北京等，人均 GDP 已达到或超过 3000 美元，平均城市化率高达 70% 以上，基本具备了发展卫星城的条件。

4. 以大带小的城市化道路。我国城市化应该走以大中城市带动口岸城镇发展的城市网络群的道路。基本构想是：围绕大中城市发展小城市和农村口岸城镇，在全国建设起几大城市聚合群体或网络圈，即以一个或几个大城市为中心，周边建设若干个中等城市，围绕中等城市聚集和建设起一批小城市和农村口岸城镇，最终在全国几大区域里形成若干个大中小城市协调配套的城市网络体系。

优先发展大中城市并不是不要发展口岸城镇，而是要依托大中城市来发展小城市和农村口岸城镇，凭借大中城市的辐射力和对口岸城镇的衔接带动功能，将它们建设成为农业、农村经济的增长中心。从收入水平、就业规模、占地的多少以及环保、交通等各方面因素综合分析得出，100 万~400 万人口的大城市效益是最好的，这类大城市具有很强的辐射性，是居于带动一个地区经济发展核心地位的，如果没有大城市的发展也就很难有大量口岸城镇的发展。在以大城市带动口岸城镇发展的过程中，不应去做很多人为的设计，应遵循市场规律，按照人口迁移和劳动力转移本身的自然规律去推动城市化进程。

5. 大中小城市并举的城市发展战略。不应只控制大城市规模，应采取大中小城市并举、重点发展大中城市的发展战略。在我国现实条件下，孤立发展哪一个层次的城市都不可取，应从国情出发逐步形成以特大城市为依托，大中小城市和口岸城镇并举，层次递进，结构合理，功能互补的网络式、金字塔式的城市结构体系。通过不断改善城市体系的结构并强化其功能来实现城市化，是一条更有利于城乡经济协调发展，能切实解决"三农"问题的城市化发展道路。这既符合城市化发展的时间递进和空间梯度规律，又符合我国现实的经济社会发展实际情况。

6. 两级结构的城市化模式。要解决"三农"问题，关键是要把富余的农村劳动力转移到城市的非农产业就业，用城市化来带动农村的发展。可是，应以大中城市为主还是以中型口岸城镇为主来提供非农就业机会？仔细分析可以发现，中型口岸城镇难以发展制造业，因为制造业要有竞争力，一方面必须符合我国的比较优势，多发展劳动力密集的产业，另一方面要形成产业集群。只有在大中规模的城市才较易形成有足够规模、有利于中小企业发展的产业集群，因此，除非靠近大城市周边，绝大多数的中型口岸城镇不会成为制造业的中心。中型口岸城镇的经济主要是为高度分散的、人口稀疏的广大农村地区的农业生产、流通和农民生活提供服务的商业活动，这样的服务业规模不会太大。未来我国的城市发展道路应是一个两极结构：农村富余劳动力转移出来以后会主要集中于大中城市；在农村地区则散布着星星点点的、提供新增就业量有限的、以政治和商业中心为功能的口岸城镇。

（二）城镇化与产业发展

城市化必须是和非农产业化、工业化相结合的过程，必须要有非农产业的发展，才可能有城市化的过程。反过来说，城市化也是为了使非农产业化、工业化的进程加速。哪里的产业、经济能发展，哪里的税收才能增加，哪里的政府才能支付得起公共基础设施建设投入资金，哪里的城市才能发展。

1. 城镇化与产业

发展口岸城镇的思路，一是大力发展农产品加工业；二是参与国有企业的战略重组和改革，抓住国有企业有进有退和战略重组机遇，创造良好环境，吸引技术、人才和相关产业向口岸城镇转移，口岸城镇要大力发展为大工业配套的零部件产业；三是发展特色块状经济，形成一个个专业镇和特色镇；四是发展劳动密集型产业，充分发挥口岸城镇在安排农民就业方面的独特作用，重点发展就业量大的产业；五是大力发展第三产业，发展各类综合性和专业性商品批发市场，加快金融、保险、信息等新型的第三产业的发展。

应建立城市化与产业化的互动机制。一方面要充分利用现有城市的优势，发挥现有城市的功能，全力支持和帮助农业推进产业化进程；另一方面在农村产业化发展的基础上全力支持和帮助农村推进城市化进程，大中城市帮助新建中小城市或扩充城市完善城市功能体系，提高城市经营效益。由此达到农业产业化和农村城市化的互动，最终实现农民富裕。

城市的功能定位。城市的产业发展重点不能刻意遵循一个固定的模式，应当按照各个城市的具体条件来确定，防止雷同。沿海地区的城市可以把重点放在外向型经济上，积极发展外向型产业，发展对外贸易，把内地与世界经济联系起来；一些内地城市，如果靠近大江大河又是重要的交通枢纽，可以发挥区位优势，形成一定的地区经济中心，拉动周边地区的经济发展；少数科研技术、人才聚集的城市，可以更多地考虑发展高新技术，并以此为中心，带动相关产业发展；一些有资源优势的城市，要围绕这些资源的开采、科研、加工来进行建设；一些自然风景优美，名胜古迹较多的地区，可以重点发展旅游业等；靠近大城市的一些小城市可以利用其地理位置和劳动力廉价的优势，发展以劳动密集型产品和配套产品为主的生产加工业。

一个城市除了要有主导产业外，还要注意以下两点。一是城镇化要化为基础农业现代化建设，就要依靠科技，推广运用现代农业技术，用现代化设施装备农业、改造农业。要加大工业对农业支持的力度，减轻支农产品的税负。二是要发展为农业现代化和城市主导产业服务的第二、第三产业，包括交通、商业、科技、教育、文化、卫生、信息以及金融、保险等服务业，并注意提高服务质量，降低服务价格。非农产业是口岸城镇发展的基础。现有的建制镇和多数的中西部县城，只有首先发展非农产业特别是加工业，才能逐步形成第二、第三产业互相促进的局面，为农民提供最多的就业机会。

2. 城镇化与基础设施建设

有研究成果表明，城市每增加一个城市人口，基础设施投资至少增加1万元。依据我国城市化的发展目标，21世纪前20年，城市人口将增加3.5亿~5亿，城市基础设施投资至少要达到3.5万亿元~5万亿元，平均城市基础设施投资需要1750亿元~2500亿元。城市建设需要大量资金，要把市场的功能和政府的功能结合起来，解决好资金筹集问题。道路交通，水、电、气、热供给和邮电通信等城市公共设施建设都是政府应该承担的任务，应该主要由财政资金解决。当前在扩大政府投资时，要着重解决这些方面的问题。城市排污、社区物业管理、市场建设、部分教育系统的发展等，则应该主要依靠市场化的方式筹措发展资金。当前我国积累率较高，资金比较充裕，区分好资金的用途和资金未来的回收情况，把政府与市场的功能结合起来，就能够解决好城市建设

23

资金的筹集问题。同时要积极开拓城市建设新的资金渠道：一是稳定城镇建设的财政投入渠道，建立基层财税体制；二是发行城市基础设施建设债券（国债）；三是以 BOT（Build - Operate - Transfer，建设 - 经营 - 转让）和 TOT（Transfer - Operate - Transfer，移交 - 经营 - 移交）等方式鼓励民间资本投资于城市建设；四是大力引进国外资金。

建立多元化的投资主体，将有效地帮助我们突破农村城市化过程中基础设施建设的资金限制。其整体思路是由国家制定各种优惠政策，动员社会各方面力量，形成一个包括国家投资、地方政府投资、社会投资、个人投资和引进外来投资在内的多元化投资格局。具体表现为以下三点。（1）进一步完善土地转让制度，盘活土地资源，引入市场机制，以"谁投资，谁受益"为原则，尽快启动民间投资，鼓励和引导多种投资主体筹资，广开筹资渠道，把沉淀于银行的大量资金转化为农村城市化建设资金。（2）根据当前内需不足的形势，国家仍应加大投资力度，将财力主要集中于道路、公共场所照明以及环境整治等纯粹的公共设施建设项目，同时要加快费税制度的改革，增强地方政府为社会服务的预算内财政能力。（3）加快金融部门的金融创新，为农民进城建房提供抵押贷款，鼓励他们进城务工经商，这样可有效地促进人口向城镇集中以及城镇建设的良性循环。

（三）城镇化与社会发展

1. 城镇化与扩大社会就业

如何将农村富余劳动力有效地往外转移，既要增加农民就业，又要保证提高农民收入、改善农村经济状况，是城镇化和社会发展过程中一个至关重要的问题。随着产业结构的迅速调整，各地所采取的安置再就业的优惠措施，会对农民进城就业带来相当的难度。今后农民主要还是在务工领域谋求就业，在重点安置当地农民工再就业的第三产业，尤其是服务领域，容纳农民工的空间很可能会变得更小。发展口岸城镇，闯出一条具有中国特色的城镇化道路，为农村劳动力转移不断拓展空间是今后城乡体制改革和创新的一项重要内容。城市化能否快速发展，关键取决于两个条件，一是农村富余劳动力和农副产品供应能力，二是城镇就业容量。我国农村的剩余劳动力目前有1.5亿人左右，每年还要新增几百万人。但城镇的接纳能力是有限度的，众多农民一下子都涌到城镇，城镇既提供不了全部就业岗位，也提供不了全部生活福利服务和社会保障。所以，一方面，要鼓励和引导农民进城，同时又要有计划地调节农民进城的规模和速度。目前，我国城镇就业压力很大，不少人担心农村劳动力涌进城镇会加剧城镇就业的矛盾。应该说，城镇失业问题突出与否从根本上取决于经济发展速度。农民进城虽有可能挤占一些城镇就业岗位，但与此同时他们也扩大了城镇消费需求，从而可创造出更多的新就业岗位。另一方面，人口不能聚集，就不能产生更多的就业机会，因为很多就业机会，特别是服务业的就业机会都是跟人口聚集相关的。实际上，就业机会受到两方面的限制：一是工业发展速度放慢，可能吸纳的农村劳动力的速度就放慢；二是没有人口聚集，第三产业发展缓慢，从而造成就业放慢。如此一来就使得农民的收入难以增长，因为再靠农业来提高收入是不现实的，现代化进程就是要逐步从农业转向非农产业，来获得更高的收入。倘若城市化水平低于工业化水平的格局不改变，就会使市场扩大的速度受到限制。因此，下一阶段中国经济的继续发展，将使农村人口中的农村劳动力真正逐步地转移到非农产业当中去，获得更高的收入。

2. 城镇化与户籍管理

改革户籍制度，首先要承认中国人生来是平等的，在中国的国土上人们都有生存和劳动的权利，不应有"身份"的差别。其次要摒弃城市与乡村或农业与非农业户籍差别，实施出生地、居住地、职业登记制度，对居住地的居住方式可以分为永久居住、长期居住和暂时居住三种，按照区域登记和管理。多数人认为加快城镇化进程的一个重要障碍是城市户籍管理制度过严，城乡劳动力不能自由流动，不解决这个问题，城镇化很难推进。对于怎么解决有两种意见。一是在现有条件下，可以允许一部分在城市有固定职业和住房、有技术、有资金的农民变为城市居民，而且今后也可以按照这些条件让农民进城落户。这样既可以满足城市发展的需要，也可以减少这部分人每年往返城乡之间的费用，减轻交通压力。另一种意见则主张允许农民自由进城。

从长期看，应当允许农民自由进城，他们有权选择居住地，这样有利于解决城乡居民两种身份、就业和待遇不平等的问题，有利于推动城乡经济的发展。但从现实情况看，既要考虑推进城市化，也要考虑各方面的承受能力，必须稳步、有序地进行改革。可以允许一些文化水平高、有资金、有技术、在城市已有工作和住所的农民进城，其他部分随着经济发展逐步放开。

逐步放弃农村和城市户口分离的做法，建立全国统一的户口制度。进一步放开对农民进城落户的限制，实行出生地一定不变，居住地按规定登记的制度，相应确定按居住地划分城乡人口，按职业确定身份的户籍登记制度，逐步用身份证制度代替户籍制度。

（三）城镇化与"三农"问题

解决农业、农村、农民问题的根本出路，在于推进城镇化，减少农民数量，增加农村人均资源占有量。城镇化滞后、农村富余劳动力是我国经济发展面临的最大结构性问题。我国农村人口占全国的近70%，而金融资产占不到30%，社会购买力占不到40%。过去我们实行城乡分割的二元经济结构，这在当时资源供给不足、工业化水平低的情况下，有一定的历史合理性，而现阶段解决农村问题，很重要的一个方面就是加快推进城镇化。要加强农业必须发展非农产业，要繁荣农村必须推进城镇化。

首先给农民工"减负"，减少各种收费，降低农民进城打工的成本；其次搞好"服务"，建立劳务市场，提供就业信息，加强就业指导与培训，提供法律援助、劳动安全、子女教育等方面的服务，为农民进城打工创造好的环境；最后给农民工"留退路"，不要急于收回承包地，农民工失去了工作还可以回乡种田，进退有路，无后顾之忧。这既降低了城镇化的成本，也降低了社会稳定的风险。

近年来，我们主要从两方面来解决"三农"问题：一是口岸城镇建设，几乎是轰轰烈烈搞了一场运动，但效果并不明显；二是以龙头企业为核心，发展农业产业化。尽管后者目前还在运行，但毕竟"龙头"太少，"龙身"太沉，龙头企业的带动能力有限。解决"三农"问题会涉及生产资料的集中，因而必然会涉及几亿农民同生产资料的剥离问题，涉及大规模的人口集中、产业递进问题，也就是农民的生存和发展问题，任何一方面"单兵突进"都很难取得切实成效。必须把农业产业化和农村城市化两个方面有机结合起来，才能有效地解决农民的生存和发展问题。考虑到其他发展中国家城市化进程导致农业、农村衰败和农民破产的教训，中国提出"小城镇、大战略"，在人口压力大而资源严重短缺的基本国情制约之下，要逐步调整产业结构、就业结构和城乡关系，力争合理地解决好"三农"问题。

1. 城镇化与土地问题

中国的基本国情表现之一是人多地少，城镇化与土地的关系问题是城镇化进程中需要仔细考虑的问题。首先，应当确立节约用地的思想。在城市建设中低层建筑要控制，绿化面积也要合理，大广场少建或不建，要和人少地多的国家采取不同的措施。但是，不管如何节约，城市化建设总是要占用一定的土地。目前遇到的主要问题是，城市化占用土地与基本农田保护存在矛盾。原定的基本农田完全不动是不可能的，一些地方采取购买指标、异地建设基本农田的办法，保持基本农田的面积不变。农村人均占用的生活用地面积要大于城市，农民进城有利于节约土地。城乡住宅建设占地要有标准，超过标准的特别是占地太多的豪华住宅，要通过增加税额来控制。

其次，要加强城市发展规划工作，防止无规划乱建和盲目发展造成的土地资源浪费。在推进城镇化的同时，加强对农村土地的管理，及时清理乡镇企业厂房道路占地，以及农村宅基地占地。在稳定和完善土地承包关系的基础上，按照自愿有偿的原则，依法进行土地使用权的合理流转。鼓励离乡进城农民将原承包的土地使用权有偿转让，既可获得进

27

城定居或创业的启动资金,又有利于推进农业规模经营。对于土地使用权的流转,要建立科学的体制和完善的法律体系。另外,城建规划和土地规划分属两个部门,各有各的依据,衔接不到位。一个建制镇需要做城乡规划,一个市也需要制定城乡规划,谁制约谁、谁是谁的依据,还需要进一步研究和明确。农村用地也是根据市场需求,通过国土规划来解决的。20 年内农民进城要占用多少地,这个数可以算出来,要尽可能地先用非耕地和差的土地,可在政策上和机制上进行设计,用杠杆调节,调节的方向要有利于土地的有效利用。

2. 城镇化与社会保障

目前,国家建立的社会保障制度主要是针对城市的,农民的社会保障除了民政部门的救济以外,其主要表现为靠自己、靠子女。在推进城镇化的过程中,如果农民进城全部享受城市居民的社会保障,国家财力是难以承受的。所以,有些地方为了消除农民的后顾之忧,对进城农民的承包地予以保留。这虽然也不失为一种办法,但只是一种权宜之计。从长期看,不解决这个问题,城镇化进程也会受到影响。为了解决这个问题,原则上应建立全社会统一的社会保障制度,但城乡的保障范围和水平可以有所差别。既然允许农民进城,农民在城市找到稳定的工作后就应当享有同市民一样的社会保障。对于农民的社会保障,第一步可以先给生活没有保障的老年农民提供养老保险,这是合理的。有人说,他们已有承包地,社会可以不管,这种说法是站不住脚的。事实上这些人过去对社会做过很大的贡献,现在由于丧失劳动能力,生活相当困难,给他们提供这方面的保障或者补助,不仅体现了社会公平,而且有利于社会稳定。为减轻政府财政的压力,同时保证城乡保障水平的差别不至于太大,城市的社会保障标准不能太高,而现在城市社会保障标准已经偏高,需要控制。

城乡社会保障资金的来源,可以继续靠现有企业和职工以及其他劳动者按工资或收入的适当比例缴纳,同时变现一部分国有资产;也可以通过改变目前城市土地使用收费制度来获得,土地使用费由地租改为按年征收，这样既可以降低房屋成本和价格，便于农民进城，也有利于政府每年取得稳定的收入。

从城市化的角度看，农村土地集体所有和城市土地国有，两者没有对接。土地的基本制度定下来后，各级政府都没有剥夺农民对于土地的权利，土地流转要建立在农民自愿的基础上。首先要打开城门，这样才能使城市地产市场和农村地产市场对接。要更新土地观念，应把土地当成一种经济资源，而不只是当作种粮食的资源。

总之，研究城镇化过程中的土地流转问题，有三方面需要考虑：一是要充分考虑征用土地的占补平衡，按照人口的流入、流出以及经济发展的快与慢，分类确定不同的占补措施，处理好城市和口岸城镇的发展与耕地保护之间的关系；二是要研究非农业的土地流转和征用与保护农民利益的关系问题；三是要从生态环境、经济结构和社会结构的角度来认识城市的形态，既要重视经济效益，也要重视环境效益和社会效益。

第三节　城镇化质量评估方法

城镇化质量评价指标体系确定后，可以采用综合评价法，来计算城镇化质量综合指数（综合总分）和评定城镇化质量水平。其过程是先获取各项评价指标数据，然后对各指标数据进行标准化处理，并确定各指标的权重，最后计算城镇化质量评价综合指数分值，评定城镇化质量程度。

一　评价指标数据的取得

根据评价指标性质和数据形成过程不同，可将城镇化质量评价指标分为客观指标、主观指标和主客观指标三大类。

客观指标是已经量化的指标，如人均GDP（元）、第三产业增加值占GDP比重（％）、路网密度（％）、用水普及率（％）、恩格尔系数（％）、居民家庭每百户拥有家用电脑（台）、人均公共绿地面积（平方米）等。城镇化质量评价指标中，大部分是客观指标。客观指标的数据直接取自国家或地方政府发布的统计资料，如《中国统计年鉴》《中国城市统计年鉴》《中国城市建设统计年鉴》及国家有关部委的专业年鉴和地方统计年鉴，这些数据都属于国家或地方政府的标准统计数据。

主观指标是定性指标，如以人为本理念、服务质量、依法行政程度等。主观指标的原始数据来自问卷调查。先设计一套可操作的问卷，接着进行问卷调查并取得原始数据，再用数学和统计方法将其量化。

主客观结合指标是在一定的数据资料和有关背景资料的基础上，进行专家主观评估形成的数据指标，如城镇规划的科学性、管理法规的健全性、重大事件的应对能力等。

二　评价指标数据的标准化处理

城镇化质量评价指标数据的量纲不同，因此，要对这些指标进行无量纲化处理，计算出各指标的比较值，使不同表现形式、不同计量单位的指标能够直接综合，该过程就是评价指标数据的标准化处理。标准化的具体方法有指数化法、位序化法和极值化法等。

指数化法。指数化法是利用已确定的各指标的目标值或平均值对实际值进行标准化处理。对于正指标，即指标值越高反映的城镇化质量水平越高，指数化法的公式为 $F_{ij} = 100X_{ij}/X_{ij目标}$；对于逆指标，即指标值越高反映的城镇化质量水平越低，指数化法的公式为 $F_{ij} = 100X_{ij目标}/X_{ij}$。式中，$F_{ij}$ 为第 i 类指标中第 j 个指标指数；X_{ij} 为第 i 类指标中第 j 个指标实际值；$X_{ij目标}$ 为第 i 类指标中第 j 个指标的目标值。指数化法的约束条件是 X_{ij} 与 $X_{ij目标}$ 的比值不大于 1。当 X_{ij} 与 $X_{ij目标}$ 的比值大于 1 时，仅取 1，表示该项指标已达到城镇化质量标准。

例如，设定城镇生产和生活用电保证率的目标值是 100%，若某城镇的用电保证率为 95%，则其用电保证率的指数为 95 = 100 × 95%/100%。再如，设定城镇管理服务质量满意度的目标值为 95%，若某城镇通过问卷调查获得的服务质量满意度为 85%，则其服务质量的指数为 89.5 = 100 × 85% / 95% 。

位序化法。位序化法是根据某一城镇化质量评价指标在一定区域（或范围）内城镇中的排序，计算该指标的指数。当指标值与城镇化质量呈正相关时，排序从小到大进行；当指标值与城镇化质量呈负相关时，排序从大到小进行。

极值化法。极值化法是利用各指标的最大值和最小值对实际值进行标准化处理。对于正指标，极值化法的公式为 $F_{ij} = 100 \times (X_{ij} - X_{\min}) / (X_{\max} - X_{\min})$ ；对于逆指标，公式为 $F_{ij} = 100 \times (X_{\max} - X_{ij}) / (X_{\max} - X_{\min})$ 。式中，F_{ij} 为第 i 类指标中的第 j 个指标指数；X_{ij} 为第 i 类指标中第 j 个指标实际值；$X_{\max}$ 和 $X_{\min}$ 分别为第 i 类指标中第 j 个指标的最大值和最小值。

例如，某项与城镇化质量呈正相关的指标，该指标的最高值和最低值分别为 5000 和 1000，某一参评城镇对应指标值为 3000，则其计算的指标指数为 50 = 100 × (3000 - 1000) / (5000 - 1000)。而当某项指标与城镇化质量呈负相关时，假定该指标的最高值和最低值分别为 50 和 20，某一参评城镇对应指标值为 30，则其计算的指标指数为 66.67 = 100 × (50 - 30) / (50 - 20)。

三　评价指标权重的确定及城镇化质量综合指数计算与评价

由于在指标体系中各指标的重要程度不同，在进行综合评价时，对不同指标应相应赋予不同的权重。权重的确定方法有多种，如特尔斐法、主成分分析法、层次分析法和数理统计法等。

先计算出各类单项指标指数，其公式为 $F_i = \sum (W_{ij} \times F_{ij})$ ，再计算出城镇化质量综合指数，其公式为 $F = \sum (W_i \times F_i)$ 。式中，F_i 为第 i 类指标的城镇化质量指数；W_{ij} 为第 i 类指标中第 j 个指标的权重；F_{ij} 为第 i 类指标中第 j 个指标指数；F 为城镇化质量综合指数；W_i 为第 i 类指标的权重。

根据计算出的城镇化质量综合指数，划分不同级别，对城镇化质量状况做出综合评判。城镇化质量综合指数为不小于 90，城镇化质量高；

城镇化质量综合指数为 80 ~ 90，城镇化质量较高；城镇化质量综合指数为 70 ~ 80，城镇化质量一般；城镇化质量综合指数为 60 ~ 70，城镇化质量较低；城镇化质量综合指数为小于 60，城镇化质量低。

第二章　西南边境口岸城镇化发展历程及作用

第一节　西南边境口岸城镇的形成

一　边境城镇的雏形：要塞

最早的城市只具备"城"的功能，它是指四周筑墙，扼守交通要冲，具有防卫意义的据点。由于边境地区与国外交界，城的最初形态表现为一种对外的防御功能，也表现为一种边界形式，即筑城为界。[①] 因为在当时条件下，疆界划分是不稳定的，真正意义的边界是城。从城的最初功能看，边境城镇的形成与防御、国防建设有着密切的关系。历史上统治者出于防御的需要，设关筑城，形成军事据点。例如，镇南关两侧大、小金山和金鸡山上筑炮台多处，俯控隘道关口，关有营垒、卡栅、石墙等军事设施。关城、隘道、军事设施连成一体，使此关成为西南屯兵戍边要塞。

内陆边境口岸的前身最早表现为"关"。古代陆地"关"是和平时期各国使节、姻亲、商贾、食客往来的通道，也是战乱时期军队出征讨

---

① 白光润、段志英、高莎丽、千庆兰编著《中国边境城市》，商务印书馆，2000，第2页。

伐、戍守边防的要冲，在组织上兼具边关和边防的特点。[1] 其开闭和管理的宽严，在很大程度上取决于当时统治者的经济利益、政治斗争、军事实力以及与邻国或民族的关系。如友谊关，位于广西凭祥市西南边境，历史上是通往东南亚各国的主要门户。友谊关又名镇南关，是我国的九大名关之一，历史上是南疆重要关口，自古以来就是通往越南的一条要道。镇南关初建于汉代，始名雍鸡关，以后又易名鸡陵关、界首关、大南关、镇夷关等。[2] 明代洪武元年（1368 年）为巩固南疆，改建为两层门楼，后易名镇南关。关城附近山峦重叠，谷深林茂，地势险要，历来是兵家必争之地，是我国的南大门，为我国通往越南的交通要道之一，古有"南疆要塞"之称。它与西北面的平而关、水口关合称"南天三关"。实际上，不论是过去的关卡，还是后来的海关，它们都是今天口岸的前身和雏形。[3] 从这一点看，在广西边境口岸也同样存在类似的情况，即由原来的关隘到中法战争后设置的对汛，再到开放的口岸。它们的演变渊源正如部分学者研究所述，"当时设置的对汛，民国后直到解放前，甚至有些到今天，一直是中越边境贸易的口岸。如今的广西边境口岸当中，一类口岸，如东兴、水口、龙邦、友谊关口岸，还有二类口岸，如爱店、硕龙、平而、平孟"[4]。它们得益于当时贸易通道的开辟，这一历史事实推动了边境周边地区经济的发展，并为口岸和互设点的设立提供了基础条件，特别是道路的疏通、人口的增长和贸易市场的形成，都经历了一个长期的历史发展过程。

二　边境城镇形成的条件：交通要道

市，是指贸易市场，通常设在地域的中间地带，是物资交换的集散

---

[1] 张其泮等主编《中国商业百科全书》，经济管理出版社，1991，第 272 页。
[2] 李若檀：《友谊关名考》，载中国人民政治协商会议广西壮族自治区凭祥文史资料工作委员会编《凭祥文史资料》第二辑，1992。
[3] 宋林清等编著《走向东南亚——云南外向型经济及口岸发展研究》，云南人民出版社，1993，第 224 页。
[4] 韦建福：《近代广西边境口岸经济发展与军事战争因素的关系分析》，《南宁师范高等专科学校学报》2007 年第 4 期。

地，往往是在交通要道、关隘、渡口以及城的附近逐渐兴起的固定的交换场所和定期的集市。由于边境城镇地处边疆的独特地理位置和有利的交通条件，它们逐渐成为中越双方边民交通往来的门户。在西南地区的边境城镇的发展过程中，有许多口岸城镇就是随着交通运输条件的改善而形成的。

1. 水路。西南边境地区的自然条件恶劣，如广西、云南等，近代以前远途运输以水路为主，边境地区共有左江、明江、水口河、平而河、界河等干流，水网纵横，航运十分便利。夏季水涨时可通小轮，平时通航木船。西藏地区则主要是靠桥通行。

比如平而关口岸之所以成为桂越边境三关之一，其主要原因实有赖于平而河。平而河发源于越南民主共和国谅山省与我国广西宁明县交界的枯隆山西侧，入国境经平而关掉头向南，再朝东流至龙州接丽江，全长 235 公里。平而河上游通越南七溪河，是一条国际航道。早在乾隆初年由平而关出关经商之人已不少，直到民国，越南还借平而河转运越盐。这个通道一直是越南薯莨、砧板等大宗进口商品的必经之地。① 在中法战争期间，广西提督苏元春率领边防军驻在龙州、凭祥、水口一带，由于军事需要，苏元春组织新修和整修了 1000 多米的军行道，还整治了边境河运干线——明江，形成了以龙州为中心的水陆运输网，于是，南疆军事重地龙州很快成为"烟户相望，商贾辐辏"② 的大市镇。国防建设促进了南疆边区商品经济的繁荣。③ 苏元春为适应军事及当地商民的需要，于 1890 年纠合绅商，通过官商合股形式组建邕龙车渡公司（而后更名为"邕龙利济局"）。但其考虑重点仍在国防上，所订购的车船，其主要功能在于沿着西江，载运长炮及弹药上溯龙州，布防重

---

① 龙泉：《昔日的平而河》，载中国人民政治协商会议广西壮族自治区凭祥文史资料工作委员会编《凭祥文史》第三辑，1995。
② 《广西航运史》编审委员会编《广西航运史》，人民交通出版社，1991，第 100 页。
③ 钟文典主编《广西通史》第二卷，广西人民出版社，1999，第 333 页。

要隘口，其次才在于商业。① 随着商业的不断发展，航运业的规模和路线都有较大的拓展，民用的功能突显。受季节的影响，夏季水涨时，左江可航小轮船；秋冬季档期，一般都是利用载重十多吨的民船运输，动力有限，龙州航运不够发达，影响了龙州对外贸易的发展。

2. 公路。近代边境口岸城镇的公路建设同样与军事战争因素有密切的关系。中法战争后，为了边防和军事的需要，清政府开始在龙州、镇南关、水口等地修建公路。光绪十四年（1888 年），广西提督兼任广西边防督办苏元春，组织成边官兵和边民营建炮台，大力修筑军路，到光绪二十二年（1896 年）共修筑军路 500 余公里。这些军路以龙州为中心，主要干线有：龙州经归顺至镇边的西线；龙州至思陵、爱店、那黎的东线；龙州至镇南、平而、水口三关的南线；龙州至太平、南宁的北线。这些连通重要关口、隘卡的军路，专门运送军械、粮食和传递军机情报。虽然每一条路都是"便于边防军务运输"，"便于军事使用，于商务上的价值较少"，"在军事上的意义较商务上的价值为多"，但"对于越南与龙州之间的贸易往来，也大有裨益"。这些军道，战时利于军运，平时利于商贸，且为广西日后建设近代公路的滥觞。② 例如龙州到水口的龙水公路，早在清光绪十一年至二十二年（1885～1896 年）营建广西边防工程时，就曾作为通往边关的军路修建，可通行马车。民国 6 年（1917 年）谭浩明任广西督军时，出于军事和边务的需要修筑了公路，同时也方便了自己与家人、僚属、宾客之间的来往。③ 龙州到镇南关的龙镇公路是中法战争后，1896 年至 1903 年，广西提督苏元春督办边防时主持修筑的军用道路，全长 55 公里，是广西最早修建的公

---

① 朱浤源：《近代广西交通建设》，载"中研院"近代史研究所集刊编辑委员会编《"中研院"近代史研究所集刊》，1969。
② 钟文典主编《广西通史》第二卷，广西人民出版社，1999，第 333 页。
③ 广西壮族自治区交通厅史志编审委员会编《广西公路史》，人民交通出版社，1991，第 53 页。

路。① 这些公路的修建，对于边境地区来说，确实是开拓性的，因为当时边境地区的恶劣环境，在崇山峻岭、道路崎岖、瘴病肆虐的地方开辟一条道路非常艰难，如果不是以军队为开路先锋修建军用道路，边境地区的交通建设会更加难以开展，边境地区与外界的联系会更加困难。

边境地区公路的修筑和汽车运输的出现，虽然是出于军事和边务的需要，但就该路段经常通行汽车这一历史事实而言，广西已开始出现公路的萌芽。② 客观上为后来边境地区的开发，边境城镇的建设起了很大的推动作用。

3. 铁路。法国早就谋划修通谅山到龙州的铁路，但很遗憾的是，龙州铁路从《中法商约》的签订到《中法续议商务专条》的再次确认，于1896年6月5日签订《龙州至镇南关铁路合同》，后因为造价和轨制等问题，1899年9月15日双方又重新签订合同，最终由于八国联军侵华，资金来源受阻，工程最终被迫停工。从此以后，龙州就与铁路失之交臂，只留下当年修建的火车站，成为"龙州三怪"之一。其中的原因，除了双方谈判未能达成一致外，相当程度是由于龙州作为边防重镇，其军事意义远远大于经济意义。清政府认为铁路一旦修成，除了平时可以转运商货外，一旦局势改变，则可借以转运兵铜，所以宁愿在边境地区增设炮台，加强防守，因此也耗费了大量的财政开支。

直到新中国成立后，湘桂铁路才与越南铁路连接，也接通了中越友谊关至河内的铁路。1955年8月1日，中越铁路客货国际联运正式举办。莫斯科—北京—凭祥—河内的国际联运铁路经凭祥市区穿过，又与泛亚铁路相连直达新加坡，使其成为连接东欧独联体与东南亚地区的交通要道，凭祥也成为这条通道的中点。

4. 航空线路。1932年，龙州开始有飞机，到1934年，龙州有了航

---

① 中共广西壮族自治区委员会办公厅《广西之最》编写组编著《广西之最》，广西人民出版社，1988，第116页。

② 广西壮族自治区交通厅史志编审委员会编《广西公路史》，人民交通出版社，1991，第2页。

空公司，地点设在龙江街班夫人庙后面，属官商合办，每星期三、星期六两天由南宁起飞，因为票价比一般火车票价甚至卧铺票价高十倍，一般人都没有经济能力乘坐，只有大商家和较高级别的官员才有条件享受。1934 年增设南宁至越南河内线，以龙州机场为国际航线中转，无论由广州飞往河内，还是由河内飞往广州，都在龙州停留半小时，由当地的一个公司经营这个民航业务，名称叫"西南航空公司"。抗日战争开始后，飞机停飞，航空公司也停办了，从此飞机场荒芜无用。

5. 有线电报。广西最早的官办电报线路是梧州至龙州的有线电报线路。[1] 为适应中法战争通信的需要，清政府和两广总督以官款于光绪九年（1883 年）架设了由广州到梧州再延展到龙州的电报专线，途经得州（今桂平）、贵县、邕宁（今南宁）至龙州，于 1884 年 11 月 5 日竣工通报。时适中法战争，沿线各局均担负传递清政府、两广总督给广西抗法前线的官军电报。中法战争结束后，广西巡抚令抗法将领苏元春驻守边防，为御敌消息灵通需要，增建有线电报。民国 8 年（1919 年）广西都督陆荣廷在南宁至龙州的电报杆上加挂军用电话专线。民国 37 年（1948 年）3 月至 12 月，广西省建设厅在边境凭祥、龙州、靖西、宁明、雷平、养利、镇边等七县建设广西第七无线电通信区和广西省沿边电话通信网。[2]

三　边境城镇变迁的动力：民族交往与经济贸易

同一个民族跨国境而居，可以在两个或者两个以上的国家居住。有的民族名称相同，有的不相同，他们在语言、信仰、风俗习惯等方面相同或者基本相同。对于这些民族，我们称为跨境民族，有的则叫跨国民族、跨国境民族或跨界民族。他们绝大多数是从中国的不同时期、不同

---

① 中共广西壮族自治区委员会办公厅《广西之最》编写组编著《广西之最》，广西人民出版社，1988，第 132 页。
② 广西壮族自治区地方志编纂委员会编《广西通志·邮电志》，广西人民出版社，1994，第 38、256 页。

地点、不同路线迁徙至越南的少数民族。[①] 中国的 56 个民族中有 13 个民族跨国界而居。在越南的 54 个民族中，有 26 个民族跨越中边境居住，占越南民族的近一半。[②]

边境民族，大多是处于同一区域的跨境民族，这些民族不仅具有共同语言、共同地域、共同经济生活、共同心理素质的民族普遍性特点和历史形成的密切的血缘、心理、姻亲关系，而且具有趋同的社会人文渊源，自古以来都是语言相通、风俗相同、血缘相亲、血脉相承、民族相连、宗教相同，双方同赶一场集，共饮一江水。例如在婚嫁、节日和农忙时期，边境村屯都有较密切的来往。在边境两侧或更深入的地方，居住着两国都有的民族，他们虽然生活在不同的国家，但大多有血亲、姻亲关系，或朋友关系，有的姐姐在这边，弟弟在那边；有的叔叔在这边，侄儿在那边。双方的村寨一般相隔几里路，步行个把小时或三四个小时就可到达对方的村寨。甚至有个别村子，村名相同，分上下两村，上村在这个国家，下村在那个国家。每逢喜庆丧葬，互相走访，或祝贺或帮忙，甚至牛马也牧放到对方的山岭。[③]

据研究，2005 年，大新、龙州、凭祥、宁明、东兴等五县市共有 5018 对跨国婚姻，其中大新 150 对、龙州 837 对、凭祥 1160 对、宁明 1711 对、东兴 1160 对。[④] 文章进一步分析说，近年来还出现了一种新的跨国婚姻形式，即为谋求商业或事业上的优势而通婚。由于越南女子在语言及人文环境等方面具有优势，中国男子到中越边境或越南境内从事贸易活动，便借用与越南女子的婚姻关系来达到优势互补。其中包括中国男子在越留学期间或毕业后在越工作时相互认识而走向跨国婚姻的，也有越南女子在华留学时结识了中国男子而步入跨国婚姻的。文章说，随着中国—东盟经贸合作的不断加强，这类婚姻也呈现不断发展的

① 范宏贵等：《中越边境贸易研究》，民族出版社，2006，第 22 页。
② 范宏贵等：《中越边境贸易研究》，民族出版社，2006，第 22 页。
③ 范宏贵等：《中越边境贸易研究》，民族出版社，2006，第 8 页。
④ 罗文青：《和平与交往：广西边境地区跨国婚姻问题初探》，《广西师范大学学报》（哲学社会科学版）2016 年第 1 期。

趋势。

由于夫妻双方分属不同的国家，有着不同的政治环境和经济需求，经济互补性强，这为两国及多国之间的民族交往和边境贸易建立了深厚的人文基础和经济联系的纽带。这里的商品经济由自发的交换逐步发展到有经济目的的商贸往来，陆路和水路通道贸易都是互通有无、追逐利润的商品经济。边境城镇的地理位置和人文结构使双边获得开展城镇间、区域间经济合作得天独厚的优势。

对于中越两国的官方交往而言，自北宋至中法战争结束，宗藩关系一直是维系中国和越南的纽带。从定期的朝贡贸易开始，双方的人员和物资往来不断，在不同的历史时期都产生了深远的影响。越南被法国殖民侵略后，随着战争的爆发，应越南的请求，中国人民起义军领袖刘永福率领黑旗军转战越南，与越南人民一起，同仇敌忾，多次抗击法国侵略者。光绪十一年（1885 年），冯子材率领的清军在镇南关保卫战中大败法军，扭转了中法战争整个战局，导致法国茹费理内阁的倒台。

两国人民在反帝反封建的过程中，也相互支持。孙中山也利用越南邻近中国、华侨华人众多的有利条件，先后五次到越南进行革命活动，得到了当地华侨的响应以及越南人民的同情和帮助，最终得以发动了著名的镇南关起义。

抗日战争期间，越南领导人曾多次到中国边境。这一带中越边境地区的中国边民大力支持越南的革命斗争，为其提供住宿，担任交通联络员，协助购买枪支弹药、医药用品等，甚至不惜用自己的生命来掩护胡志明等越南革命领导人的安全。凭祥的隘口在抗战初期也是南疆军运的重要中转站，国民政府的西南运输公司、资源委员会等重要机构都在此设立办事处。此外，东兴也是当时西南对外的重要口岸，当时国际支援中国的军需品和救援物资大部分是通过越南海防转运芒街进入东兴的。另外，在援越抗法和抗美期间，边境口岸也有力地支援了越南抗击法国和美国侵略者的保卫祖国战争，为越南的解放做出了不可磨灭的贡献。在1950～1954 年援越抗法战争和 1965～1973 年的援越抗美两次战争中，边境口岸都处于援越前哨，大量援越的军用物资和援越部队源源不断地通过凭祥的友谊关、龙州的水口关等口岸输往越南各地。据记载，1965～1972 年援越抗美期间，中国的援越物资绝大多数是经过凭祥入越的。运送的物资中，仅粮食一项最多的一天用 24 个车皮，少的一天也用 12 个车皮。平均每天有 5 大卡车的蔬菜从友谊关出境供应援越部队，仅 1969 年经凭祥给援越部队供应的蔬菜总量就为427.5 万公斤。①

四　边境地区口岸城镇形成与发展的历史特点

（一）口岸城镇形成的特点

从上述边境地区口岸城镇发展的历史考察，该地区的城镇发展与西南地区的城镇发展相比较，有着自己鲜明的特点，概括起来主要有以下几个方面。

1. 口岸城镇的形成受军事、战争因素影响较大。这主要是边境城镇所处的地理位置，决定了它的重要军事战略地位，所以口岸城镇的发展也与军事、战争因素有着直接的或间接的关系。中法战争，是帝国主义国家法国为了从中国西南打通侵华的通道而发动的蓄谋已久的侵略战争。战争在一定程度上给广西提供了接触西方文明的机会。朱浤源写道："这一战，使广西直接与西方文化接触，法国的势力，以一种比较上富有亲和力与平等性的姿态进入八桂。也因此，最新式的电信科技、邮政体系、摩托船、蒸汽船、汽车、公路、飞机等，均以极快的速度在广西生根。"② 的确，龙州口岸创造了 34 项"广西第一"③，其中与近代军事战争相关的电报、炮台、军用公路、兵工厂、军事学校等项目超过

---

① 赵甘乐：《援越抗美期间的凭祥市蔬菜生产基地》，载政协凭祥市委员会文史资料委员会编《凭祥文史》第六辑，2006。
② 朱浤源：《近代广西交通建设》，载"中研院"近代史研究所集刊编辑委员会编《"中研院"近代史研究所集刊》，1969。
③ 陆汉邦：《龙州具有"广西之最"34 件》，载政协龙州县文史资料委员会编《龙州文史资料》第十辑，1990。

1/3。不得不承认，城市的近代化进程与西方的殖民侵略战争和清政府为了反侵略而采取的大规模边防建设有直接的关系。

2. 口岸城镇经济的发展与口岸开放有密切的关系。龙州在开埠前仅是"一处较大的村镇"[①] 而已，开放之后，各地商人相继涌入从事贸易活动，街面大小商号林立。从此龙州县城商业开始繁盛，被誉为左江的商业中心，它所辖的水口有"小广州"之称。其中经营洋杂货的商号有 27 家，经营苏杭匹头业的有 23 家，经营典当业的有 4 家，经营钱庄的有 2 家，经营鸦片的有 4 家，还有直接为美、英公司代理销售煤油的有 3 家。到了 1937 年龙州市专门店达 35 种以上，这时在贸易的带动下，餐饮业等服务行业也开始兴起，当时，专门经营饮食店的有 210 多家，旅店有 40 多家。凭祥的大连城、隘口，宁明的爱店，靖西的龙邦、岳圩等，还有那坡，原本交通闭塞，商业贸易很不发达，口岸开放后，边贸兴旺，外商不断涌入，并在县城内定居经商，从而带动了全县的商业发展。1935 年，仅平孟街就有私人坐商 19 间，行商 2 户，小商贩 30 多个，饮食、肉食摊点 80 多个。[②] 有的城镇虽然是传统的集贸市镇，但是集市贸易的规模、内容等发生了很大的变化，也都呈现一派繁荣景象，这些都得益于通商口岸的开辟。

3. 边境口岸城镇的发展是受外力作用推动的结果，并不是自身经济发展的必然结果。近代龙州城出现的现代文明，如领事馆、海关公署、火车站等，都是在应对法国的经济侵略的背景下诞生的。当时广西提督苏元春将广西最高军事指挥机关从柳州迁至龙州，也是基于边境外部遭侵略势力威胁的考虑。的确，龙州的开埠是资本和帝国主义威迫的产物，并非清政府发展对外贸易和加强国际交往的主观需要，也并非龙州自身经济发展的内在要求。所以开埠之后的边境口岸，对外贸易一直处于畸形的发展状态，例如在进出口货值当中，鸦片占有绝对的比重，1910 年由龙州关出口的贸易额计关银 605823 两，其中鸦片价值就占了

---

① 《龙州县志》第三卷，1926。
② 李品仙：《广西边务概要》（内部资料），1935。

594592 两。① 可见，这样的贸易结构不会给龙州及口岸腹地的经济正常发展带来好处。

4. 边境口岸城镇经济的发展还跟清政府的边疆开发政策有直接的关系。清政府除了在边境地区实行大规模的军事建设之外，同时还进行大规模的边疆开发，许多边境城镇就是由此逐渐发展起来的。例如，苏元春除了修筑军城军路之外，还在靖西的葛麻、那坡的平孟及凭祥和隘口等地开设市场，方便群众进行贸易。为了招徕进行贸易的群众，苏元春还采取移民实边的充实边防措施，带头动员跟随他抗法的永安子弟落户边关，至今龙州至凭祥一带尚有不少"蒙山（古称永安州）村"②，通过出钱请人参与贸易活动等办法来活跃边境的贸易往来。

（二）口岸城镇发展的特点——以龙州为例

李云在《试论口岸贸易与城市近代化》一文中论证了口岸开放与城市近代化的关系，其中谈到开放商埠在推动城市化的进程中的作用时，提出以下主要观点：一是城市产业结构的更新，二是城市交通运输业的近代化，三是城市金融业的多元化，四是城市市政规划和建设的西方化，五是市民思想观念的潜变。③ 虽然该文提到的通商口岸主要地处沿海和沿江，但作为同是通商口岸的沿边口岸——龙州，同样具有适用性，下面笔者就龙州在开埠前后城市化的发展变化进行简要的论述。

中法战争后，根据清政府与法国签订的不平等条约，龙州被辟为通商口岸，并设立海关，这在客观上扩大和加强了广西的对外贸易。地处边境的龙州一跃成为该地区的商业中心，并成为广西对外开放的最大陆路边境口岸，同时也标志着近代广西陆路边境口岸的开始和兴起，第一次掀起了广西口岸繁荣发展的高潮。市政开埠前，它只是一个边关小镇，镇上"包括大片空地，却无一间可观的房子"，开放后则成立了海

---

① 韩森：《宣统二年龙州口华洋贸易情形论略（1911 年）》，载茅家琦等主编《中国旧海关史料》，京华出版社，2001。
② 刁光全：《中越边境开发功臣苏元春》，《文史春秋》2002 年第 3 期。
③ 李云：《试论口岸贸易与城市近代化》，《保山师专学报》2005 年第 6 期。

关公署，法国又在此建立了领事馆、广西军政机关和所属外事机构，这些都是广西西南边疆通往东南亚的门户。市区建设也不断扩大，至光绪末年，城区大小街道由嘉庆年间的 16 条增至 40 条，街道总长由 2800 米增至 4000 米。至民国 17 年（1928 年），城区大小街道（巷）已增至 62 条，总长约 7800 米。[1] 由于大批衙署相继移驻龙州，外地商人入城居住数量剧增，房屋建筑面积由嘉庆初年的 2 万平方米增至光绪年间的 3 万平方米，且出现了一些楼房建筑，如龙州火车站（两栋二层楼房，后为法驻龙州领事馆）、龙州海关等，一些商户也盖起了二三层楼房，民国年间还建起了骑楼式楼房。[2]

1. 交通。开埠前，由于贸易机会屈指可数，有限的货物运输全靠肩挑和民船竹排，根本谈不上近代交通运输方式。开埠后，贸易与交通关系日益密切，贸易的发展对交通提出了新的要求，修建铁路、公路，采用新的航运工具——轮船，建设电信邮政机关等都被提到了议事日程。在交通通信上，首先建立龙州电报局，这是清朝设立的首批邮政分局之一，也是广西第一个由国家办的大清邮政分局，1903 年龙州分局升为龙州邮界总局。[3] 可见，在开埠初期，口岸的通信邮电业就走在全国前列，加快了信息的流通，促进了贸易的繁盛。1909 年龙州的通济局拥有车船 8 艘，广济局拥有车船 6 艘。1910 年成立了龙州电船公司，购买了两艘轮船，往返于龙州—南宁—梧州—广州，同时还修建了车站，并在龙州河南岸建立了简易的航运小码头等。1923 年 2 月 17 日南宁至龙州公路建成通车，全长 155 公里，该公路是广西较早建成的公路。[4]

2. 圩镇。受龙州开关的影响，中越边境兴起了一批布局优良的口岸城镇。凭祥三面与越南接壤，境内的油隘、大连城、隘口、弄怀、弄尧、米七等在当时都是重要的边境贸易市镇。另外龙州有布局优良的水

[1] 龙州县地方志编纂委员会编《龙州县志》，广西人民出版社，1993，第 622 页。
[2] 龙州县地方志编纂委员会编《龙州县志》，广西人民出版社，1993，第 623 页。
[3] 广西壮族自治区通志馆编《广西历史上的今天》，广西民族出版社，2003。
[4] 广西壮族自治区通志馆编《广西历史上的今天》，广西民族出版社，2003。

口口岸，还有位于镇南关以北约 11 公里的边界上的关前隘，这些布局优良的口岸城镇成为中法战争后中越贸易的中转站，基本上成为地方货物的集散地，它们的发展加强了城乡的联系，促进了区域贸易的发展。

3. 商业。该关在开关前只是一个边关小镇，人口不到 2 万，但"被辟为通商口岸后，粤商争相投资，始成巨埠"。大小商号不断增加，专营洋货的有 6 家，仅 2 家商号"洋货和广货贸易估计每年约值银二十七万五千元"①。由于商业的繁荣，龙州市面上还建立了洋杂货业商号 27 家，苏杭匹头业商号 23 家，大小专营饮食业商户 210 多户，旅店客栈 40 多户店铺，一时间成为广西最早的"商业名城"之一。② 此外，在商业发展的背景下市场中的货币也加快了流通，金融业逐步兴起。除了原先的怡昌铜押外，1904 年又出现了广西最早的银行——官商合办新龙银号。开设存、放、汇业务，印制、发行货币。后又陆续成立了公益铜押、瑞丰祥铜押、龙州平民借贷处等铜押，主要是典当。这些早期的金融机构对于发展口岸的经济来说是极为有效的，不过作用也是非常有限的。

第二节　当代西南边境口岸城镇化发展

20 世纪六七十年代，中国经历了"文化大革命"，与东南亚、南亚地区的关系也处于非正常化状态，边境局势一度紧张，边境贸易额迅速下降。1961 年吉隆口岸被批准开放，1972 年被国务院批准为国家二类陆路口岸，1987 年成为国家一类陆路口岸。直到 90 年代前后，中国与这些边境国家的关系才恢复正常，1992 年 6 月 9 日国务院批准凭祥、东兴对外开放。2008 年，吉隆口岸完成外贸进出口总额 557 万元，其中出口额达 494 万元，进口总额为 63 万元。1993 年 12 月 1 日，水口口岸正式恢复开通，1996 年龙邦口岸、平孟口岸恢复开通……边境地区进入

---

① 中国近代经济史资料丛刊编辑委员会编《帝国主义与中国海关·第四编·中国海关与中法战争》，科学出版社，1957。
② 政协龙州县文史资料委员会编《龙州文史资料》第十辑，1990。

全面开放新时期。

一 20 世纪 80 年代至 21 世纪初西南边境口岸城镇化发展状况

1. 凭祥口岸。在市政建设方面,新中国建立初期,凭祥县城破败不堪,面积仅有 0.3 平方公里,20 世纪 80 年代中期以前,民谣中所称的"一条路,两排树,到了凭祥没吃住"就是当时凭祥最好的写照。新中国成立后,每年拨出大量资金用于市政建设,特别是自 2000 年以来,为了进一步塑造国门城市形象,城市建设的投入大增。2001 年,融资 1600 万元完成凭祥河北段整治,投资 1600 万元开发建设祥河街商住用地,投资 12 万元美化亮化市中心广场,投资 1300 多万元建设市区新农贸市场。2002 年,全年城市建设完成固定资产投资 1.82 亿元,完善经济开发区基础设施,对市区的水网、电网、路灯等都进行了改造,加快了凭祥河三期工程建设,搬迁了河面市场,美化绿化植树 50545 株,新增绿地面积 15560 平方米。2002 年,凭祥市获得广西壮族自治区授予的"创建文明城市工作先进城市"称号和"双拥模范市"称号等荣誉。城市面貌已经变为"纵横路、高建筑、信息灵,水清电足有吃住"。

2. 东兴口岸。1989 年前后,东兴镇只有解放路、中山路等少数街道,城镇人口不足 1 万人。当时的东兴城市基础设施落后,城市建设百废待举。东兴经济开发区的开发建设,使东兴镇发生了巨大变化,城市建设突飞猛进。目前,东兴镇各项城市建设设施完备,水、电、交通、通信等各种基础设施建设日臻完善,业已成为一座初具规模的现代化城市。①

3. 弄尧口岸。多年以前,弄尧不过是一个小小的村庄,几十户村民生活困苦,靠种玉米杂粮度日。初建互市点时也只是不起眼的"草皮街",中越双方边民肩挑背扛,翻上几乎没有路的山,在人多地狭的山梁、山脊交易,不小心掉下去就会粉身碎骨。1992 年 6 月,国务院把

---

① 范宏贵等:《中越边境贸易研究》,民族出版社,2006,第 306 页。

凭祥列为沿边对外开放边境城市以后，为适应新形势，繁荣边境贸易，凭祥市加大弄尧的建设力度，先后投资建设了占地 2000 多平方米的停车场和 4 栋共 111 间商品用房，并投资近 300 万元修通从四方岭至 16 号界碑的弄怀水泥公路，从而结束了弄尧到越南肩挑背扛搬运货物的窘迫历史。

4. 浦寨口岸。浦寨在开发建设之前仅是一个名不见经传的小村寨，居住着 18 户人家，居民仅 100 多人，但 1992 年正式开发后，这块弹丸之地建成了近千个商业铺面、一个农贸市场和三个大型停车场，建成区约 2.5 平方公里，暂住人口约 5000 人，流动人口在 1 万人以上，每天车流不息。

5. 爱店口岸。爱店原来只是中越边境线上拥有几个摊铺的一条街而已，交通闭塞。1984 年，爱店居民共有 153 户 678 人。1992 年，自治区政府批准其新增设为爱店镇，边民争相建起了一幢幢的新楼房。为改善边贸环境，县政府投资 400 多万元为爱店铺设了水泥街道，兴建了贸易市场、边贸仓库、停车场等基础设施。越南地方政府也相应开通了爱店至越南凉山省禄平县的公路。同时，及时筹建爱店镇的程控电话工程，增设金融机构，使民间交易可以直接进行中越货币兑换。①

6. 硕龙口岸。硕龙镇与越南下琅县接壤，两地百姓历来十分友好，经常开展民间友谊活动，增进了中越人民的睦邻友好关系。近年来，随着经济的发展，硕龙镇的城镇建设突飞猛进，楼房林立，街道全部实现水泥硬化，商店、农贸市场、文化站、电影院、学校焕然一新，已经成为中越边境线上一道亮丽的风景线。该镇党委、政府和广大人民群众正是利用独特的区位优势努力打造了一座边境旅游重镇。

7. 瑞丽口岸。1990 年 7 月 9 日，国务院批准瑞丽口岸对第三国开放。1992 年 6 月，国务院批准瑞丽为边境开放城市，享受沿瑞丽口岸边境经济开发区政策。瑞丽的姐告前沿距缅甸史迪威公路仅 8 米，距缅

---

① 陈寿华：《边境贸易数百年》，载中国人民政治协商会议宁明县第七届委员会文史资料编纂委员会编《宁明县文史资料》第七辑，2006。

甸商业重镇木姐中心区仅 500 米，木姐至腊戌 164 公里，有飞机、火车直达缅甸中心城市曼德勒和仰光，与瑞丽弄岛隔江相望的缅甸南坎至八莫约 107 公里，有飞机和千吨级轮船沿伊洛瓦底江到仰光，进入海港（印度洋）。1991 年，姐告大桥通车，与缅北公路干线相连，构成了中缅之间的交通网络。

8. 畹町口岸。1992 年，国家加快对外开放步伐，把畹町确定为沿边 14 个开放城市之一，同年 6 月，经国务院批准设立了 5 平方公里的边境经济合作区，赋予边境经济合作区若干优惠政策，在区内实行综合开发。20 多年来，畹町口岸累计实现进出口总值 40 多亿元，财政收入 3 亿多元。在边贸快速发展的同时，畹町口岸还承担着打击毒品走私、切断疫病传入等多项功能。多年来，国家高度重视畹町口岸的建设和管理，党和国家 30 多位领导人曾亲临口岸视察指导工作。现畹町口岸设有海关、检验检疫、边防检查站等联检机构，这些口岸联检部门与当地党委政府加强沟通、密切配合、严格执法、热情服务，充分发挥了畹町口岸的功能，维护着国家主权和国家安全，维护着边疆经济的发展和各族人民安居乐业。此外，河口口岸于 1996 年 2 月 14 日恢复开通，滇越铁路货运正式复通，1997 年 4 月 18 日国际旅客联运复通。

9. 普兰口岸。普兰口岸于 1992 年与印度北方邦的贡吉正式恢复边境贸易，它是西藏西北部对外贸易往来的一个主要口岸。普兰商业逐步发展，阿里地区的外贸企业在此设有分支机构，拥有区内外个体商户和印度、尼泊尔商户 100 多家。由于境外不通公路，时常大雪封山，外国商民一般在每年 7～9 月才能入境交易，因此普兰口岸属于季节性口岸，年交易额不大，贸易总额 4000 多万元。改革开放以来，普兰经济发展，社会稳定，人民安居乐业，并逐步形成了以农牧业为主体，以边贸旅游和地方工业为两翼的"一体两翼"的经济发展思路。

10. 吉隆口岸。吉隆口岸于 1972 年被国务院批准为国家二类陆路口岸，曾经设有海关、商检等部门，后因樟木口岸的繁荣，该口岸进出口贸易基本停止，海关、商检等部门随之撤销。1987年国务院批准吉隆为国家一类陆路口岸。交易除以物易物外，多以尼泊尔币和人民币作为支付手段。近年来，国家为缓解樟木口岸通关压力和进一步发展西藏对外贸易，拟定利用和开发吉隆口岸。目前，国家投入巨资修建的通往尼泊尔边境的"热索"公路已正式通车。另外，国家还投入近亿元人民币为尼泊尔修建通往吉隆口岸的公路，同时海关、商检等有关部门也在积极筹划部门设立工作。一个功能更加齐全、服务更加完善的现代化陆路通商口岸将在近年内展现在世人面前。另外，吉隆口岸原始森林保护较好，四周雪山林立，风光绮丽，是理想的徒步旅游区。吉隆口岸是中尼边境贸易的通道，位于日喀则吉隆境内，喜马拉雅山中段南麓吉隆藏布下游河谷，与樟木口岸隔山为邻。

11.亚东口岸。1984年中印双方签署了贸易协定。1988年，两国签署《关于恢复边境贸易议定书》。1991年，两国签署《关于恢复边境贸易的谅解备忘录》，双方同意通过里普拉克山口开展边境贸易，中方指定中国西藏的普兰为边贸市场，印方指定印度北方邦的贡吉为边贸市场。1992年，中印两国签署《关于边境贸易出入境手续议定书》。至此，中印边境贸易在中断30年后终于得以恢复。

二　当代西南民族地区边境口岸城镇发展变化特点

1.边境口岸城镇的贸易由分散多变到城镇的集中稳定

由于长期战争的限制，边境战争的硝烟未散，边民便自发到边界进行交易。1986年刚刚停止炮战，越方边民就拿出红边龟、山甲片等土特产到边界跟中国边民换取手电筒、退热散等日用急需品。[1] 最初的边民互设点被称为"草皮街"，即在靠近村寨的固定空旷地方定期交易的场所，后随着人民需求的增加，有的由逐步搭盖街棚形成定点定期的集市，有的由"草皮街"贸易点移到传统的口岸，有的就地改造、建设，

---

① 苏文：《开放六年的凭祥》，载政协凭祥市委员会文史资料委员会编《凭祥文史》第五辑，1999。

发展成具有一定规模的、基础设施条件较好的贸易点，如凭祥的浦寨边境商贸城。

2. 边境贸易是边境口岸城镇化发展的主要推动力

一是边境贸易增加当地政府的财政收入，该部分收入可用于投资公共设施建设。凭祥市 1985 年财政收入仅为 130 万元，1991 年达到 2599 万元，增长近 19 倍，年均递增 46.7%。[①] 财政收入的 70% 以上源于边境贸易的税费，1990 年以来财政收入的增加，加强了城市基础设施建设，促进了其他各项事业的兴旺发展。1991 年，宁明县边境贸易的各项税费收入约占县地方财政收入的 1/5，边贸已成为宁明县经济建设的一大支柱，给宁明县经济腾飞提供了一个千载难逢的机遇。[②]

二是边境贸易增加边民的收入，扩大消费和内需。边境地区的边民通过直接或间接地参与边境贸易活动，都不同程度地富裕起来。如凭祥市友谊镇隘口村有 420 户边民，几乎每户都参与过边贸活动，90% 的农户盖起了漂亮的新楼，添置了彩电、摩托车、柳州微型车，甚至有人购买了日本产的小轿车，有不少农户已安装电话。[③]

三是边境贸易引来各地客商，并使其参与当地城镇建设。凭祥、东兴是第一批对外开放的边境地区，享受国家给予的优惠政策，所以吸引了许多中外客商前来投资开发、经商、办企业。据调查，到 1996 年上半年，内地客商到凭祥市投资兴办的企业达 1000 多家。外商来凭祥兴办的"三资"企业有 20 多家。到 1997 年 6 月底，来自美国、日本、韩国、泰国等地的外商在东兴投资项目达 115 个，合同投资额达到 62.7 亿元人民币。全国各地的客商到东兴开办的各类企业有 900 多家。[④] 这些客商的投资在不同方面直接或间接地推动了口岸的城镇化建设，如厂房的建设、产业工人的聚集、道路交通的改善等。

---

① 凭祥市志编纂委员会编《凭祥市志》，中山大学出版社，1993，第 590 页。
② 苏忠文：《爱店建镇记》，载中国人民政治协商会议宁明县第七届委员会文史资料编纂委员会编《宁明县文史资料》第七辑，2006。
③ 黄铮、肖永孜主编《广西改革开放 20 年》，广西人民出版社，1998，第 253 页。
④ 黄铮、肖永孜主编《广西改革开放 20 年》，广西人民出版社，1998，第 254 页。

　　四是边境贸易推动邻国对应口岸城镇的加速发展，形成双边城镇化发展你追我赶的态势。1997 年 9 月，越南政务院下达第 748 号令，把谅山—同登 207 平方公里的土地划为都市经济区，实施一系列特殊政策，这对凭祥来说无疑是机遇和挑战。[①] 在宁明爱店对应的口岸，越方早已看到今后中国与东南亚各国交往必将加强，拟将爱店对面的岜马村升格为岜马镇，并已投资折合人民币 50 万元搞基础建设，计划在 5 年内建成与爱店规模相当的建制镇，目的是把客商和货源吸引到越方境内。鉴于这种形势，宁明县必须加快乡级爱店镇的建立，以提高我国爱店在国际上的政治影响和国际声望。[②]

　　五是边境贸易的活跃繁荣，促进口岸城镇第三产业的快速发展。例如凭祥市，随着边境贸易的发展，该市的旅游业、运输业、饮食业、组装业等也迅速发展，第一、第二、第三产业的比重，由原来的 50∶26∶24 变成 35∶20∶45。过去市中心到隘口的专程客运汽车只有一辆，每天开两趟，而今客车终日川流不息。[③]

　　六是边境贸易推动口岸城镇的对外开放水平。随着时间的推移，中越边境贸易逐渐发展，从隐蔽变为公开，富裕的边民推动了消费市场的扩大，促进了一般贸易的发展，为中越两国政府间的接触创造了条件，促进两国关系走上正常化的轨道。边境贸易的范围从中越两国扩展到中国与东南亚各国，交易商品从日常用品、农副土特产品扩大到成套机械设备，凭祥成为中越边境贸易最大的贸易城市，成为越南乃至东南亚各国的货物集散地，加上凭祥的铁路、公路和水路直通越南等区位优势，凭祥成为沿边对外开放城市。[④] 宁明县爱店镇建镇历史也充分说明了这

----

① 苏文：《开放六年的凭祥》，载政协凭祥市委员会文史资料委员会编《凭祥文史》第五辑，1999。

② 苏忠文：《爱店建镇记》，载中国人民政治协商会议宁明县第七届委员会文史资料编纂委员会编《宁明县文史资料》第七辑，2006。

③ 凭祥市志编纂委员会编《凭祥市志》，中山大学出版社，1993，第 587 页。

④ 李若檀：《鲜为人知的中越边贸恢复初期》，载政协凭祥市委员会文史资料委员会编《凭祥文史》第六辑，2006。

一点。1989 年 4 月，经自治区有关部门批准，爱店成为对越开放的边境贸易点，从而恢复了中断多年的对越民间贸易。自此，宁明县边境贸易迅速发展，到 1991 年底，当年边贸总额突破亿元大关，各种税费收入达 722.8 万元，为宁明县这个贫穷落后的边境地区带来了勃勃生机，更为宁明县财政税收开辟了新的财源，给宁明县带来了巨大的经济效益和社会效益。①

以上材料和分析足以说明，边境贸易带动了边境民族地区都市化、城镇化。就西南民族地区边境口岸来说，东兴、凭祥、瑞丽等市从原来的边陲小镇，发展成现在欣欣向荣的现代化国际贸易小城市，都是由边境贸易的蓬勃发展造就的。在广西段的中越边境贸易线上，从那坡县平孟壮族山寨，到东兴市京族三岛渔村，在边境贸易恢复和发展不到 10 年的时间里，村镇面貌发生了巨大的变化：高楼鳞次栉比，商店中商品琳琅满目，街口人山人海，车辆穿梭不停。那坡县的水口镇、宁明县的爱店镇、凭祥市的浦寨边贸城、防城港市的防城区，都变成了中越边境地区新的经济贸易中心，变成了生机勃勃的经济增长点。②

3. 对应的邻国口岸城镇化发展滞后，成为西南边境口岸城镇化发展长期滞缓的主要外部原因

德国商业理论家冯·霍尼希曾经说过，一个国家当前富强与否不是取决于它本身拥有的力量和财富，而主要取决于邻国力量的大小和财富的多寡。这说明了邻近外部力量的重要性。口岸城镇的发展也是如此，与广西边境口岸接壤的越南，经济落后，生产力水平普遍偏低，几乎跟广西边境地区一样发展不平衡，经济结构也是以农业为主，几乎没有什么工业，人民生活水平偏低，消费市场狭小，在这种情况下，越南根本不可能牵动广西口岸的发展。例如，与水口口岸对应的高平省驮隆口

---

① 凭祥市志编纂委员会编《凭祥市志》，中山大学出版社，1993，第 587 页。
② 李甫春等：《千年等一回——广西实施西部大开发战略理论构想》，民族出版社，2001，第 80 页。

岸，基础设施建设也相当落后，直到 2008 年 3 月 13 日才建成拥有三层楼，面积达 3000 平方米的口岸市场，但它已是高平省基础设施最完善的口岸。

第三节　西南边境口岸城镇的地位和作用

一　西南民族地区边境口岸城镇在区域社会发展中的地位

西南地区的边境口岸约有 60 个，既有国家级口岸，又有省级口岸，还有地方通道。这些口岸中的部分口岸目前通货量还不大，仅具有口岸过货通关职能，对推动口岸所在地城镇发展的作用还比较有限，如云南的和平、马林、杨万、大布、勐洞、小坝子、金厂等。另有一些口岸所依托的城市和城镇则有了明显的发展（见表 2-1 和表 2-2）。

表 2-1　西南重要边境城市发展情况

省区	城市	口岸	面积（平方公里）	人口（万人）	地区生产总值（亿元）
云南	瑞丽市	瑞丽公路口岸和畹町公路口岸	1020	21	110（2018 年）
广西	凭祥市	凭祥铁路口岸（铁路）、友谊关公路口岸（公路）	650	11.4	90.1（2018 年）
	东兴市	东兴公路口岸	590	15.71	104（2017 年）

资料来源：统计年鉴及有关县政府网站。

表 2-2　西南重要沿边城镇发展情况

省区	辖区	口岸	辖区面积（平方公里）	辖区人口（万人）	地区生产总值（亿元）
云南	河口县	河口铁路口岸	1332	10.92	60.01（2018 年）
	勐腊县	磨憨口岸	6860.84	29.39	88.82（2017 年）

省区	辖区	口岸	辖区面积 （平方公里）	辖区人口 （万人）	地区生产总值 （亿元）
广西	靖西市	龙邦口岸	3325	65.97	21.7（2018 年）
	龙州县	水口口岸	2317.8	27	121.6（2017 年）
西藏	吉隆县	吉隆口岸	9300	1	4.01（2014 年）
	日屋镇	日屋口岸	1420	0.1	——
	亚东县	亚东口岸	4240	1.3	4.49（2014 年）
	普兰县	普兰口岸	1.25	1	2.62（2016 年）

资料来源：统计年鉴及有关县政府网站。

这些有所发展的边境口岸城镇根据城镇规模可以大体分为以下几种情况。

一是设市的中等城市，如广西凭祥市和东兴市。凭祥市境区内有友谊关口岸（公路）和凭祥口岸（铁路）2 个国家一类口岸，1 个二类口岸，5 个边民互市点，是广西口岸数量最多，种类最全，规模最大的边境口岸城市，也是中国通往越南及东南亚地区最大和最便捷的陆路通道。"岸在城中，城即是岸"可以说是口岸与城市相融合这一发展模式最为突出、鲜明的外在形态，口岸城市通常拥有连接国内外的区位优势，交通较为便捷，与之相对的邻国边境区域社会经济发展水平较高，贸易互补性强，因而边境贸易十分繁荣，口岸跨国区域合作内容丰富。口岸城市的发展可辐射到内陆多个腹地城市，聚集各类资源，使口岸城市成为区域内人流、物流、信息流、资金流的交汇之地，并呈现出十分明显的商业性、流动性等特点。相较于其他发展模式的口岸型城镇，此模式的口岸规模更大、设施更完善、功能更全面，边境贸易涉及的货物种类更多、数量更大，从而使边贸的地位尤为凸显，使其成为口岸城市最主要的支柱产业。口岸建设及边贸运行带动了运输、商贸等一系列服务产业的兴起，而这些产业又孕育出了多种多样的职业需求，使双方边民、市民的职业选择更加多元化，日常往来更为频繁。从以上分析可发现口岸与城市整体发展的结合度是较高的。

二是设市的小城市，即前岸中区后市，如云南瑞丽市。瑞丽市畹町经济开发区是云南境内的国家级口岸之一，位于德宏州南部，与邻邦缅甸的重镇九谷镇近在咫尺，隔河相望，总人口有 2 万多人，土地面积为 95.34 平方公里，城区人口仅 5000 多人，是中国最小的城市之一。现在，一些东南亚的商人也云集畹町，使畹町成了美国、日本、法国、印度、巴基斯坦、尼泊尔、孟加拉国的化妆品、首饰、工艺品、农副产品、珠宝玉器的物资集散地，成了十分繁华热闹的边贸街。畹町南侧，中缅交界的河上，是著名的两国界桥——畹町桥。畹町桥建于 1938 年，是二战时期中国与国外往来的唯一陆上通道的界河桥，因此名声大震。该桥现已修成宽敞牢固的钢筋水泥桥，每天有上千的两国商人、边民从桥上来来往往。畹町为全国最小边境城市的国家级口岸，本地人口仅 1 万多人。从这里前往缅甸边城南坎、九谷、木姐和腊成的旅游手续十分简便。

三为口岸发展所依托的口岸城镇，如云南河口口岸（铁路）。位于河口瑶族自治县的河口口岸和磨憨口岸需要依托勐腊县城发展等，其中的河口县虽然至今尚未设为市，但 1992 年就被批准成为我国 13 个沿边对外开放城市之一。总体来看，目前各县县城人口规模还相对有限。从口岸与城镇的互动关系来看，则可分为两种情况。一是口岸带动城市、城市支撑口岸发展，即口岸与城市形成良性互动，比如瑞丽、凭祥、东兴等城市。以凭祥市为例，境区内有友谊关口岸（公路）和凭祥口岸（铁路）2 个国家一类口岸，1 个二类口岸，5 个边民互市点，是广西口岸数量最多、种类最全、规模最大的边境口岸城市，也是中国通往越南及东南亚地区最大和最便捷的陆路通道。[①] 对东南亚地区贸易的发展起到了促进产业兴盛的作用，拉动了城镇发展。城市人口规模的增加和城市功能的完善吸引了更多贸易企业进入，实现了贸易的扩大，从而促进了口岸的发展。二是口岸与城市或城镇发展尚未形成良性互动关系。这一问题在西藏表现较为突出。吉隆口岸是中尼边境贸易的通道，位于日

---

① 《广西凭祥成我国通往东南亚最大陆路通道》，新浪网，2017 年 6 月 6 日，http://news. sina. com. cn/c/p/2007 - 06 - 06/075013163221. shtml。

喀则市吉隆县吉隆镇热索村境内（从吉隆镇驻地到热索村 25 公里），喜马拉雅山中段南麓吉隆藏布下游河谷（即著名的景区吉隆沟），是 216 国道（新藏公路二线）的终点，与樟木口岸隔山为邻。后因樟木口岸的繁荣（有中尼公路，路途近而且开放层次高），吉隆口岸进出口贸易基本停止，海关、商检等部门随之撤销，只允许进行边民互贸，其他地方的人现在还不允许在这里进行交易同时也没有旅游（出入境）活动。由此可见，多种原因导致吉隆口岸过货量较小，贸易发展规模有限，口岸对于城镇发展的促进作用也相对有限，而吉隆县本身由于区位条件及产业结构等因素，经济发展相对滞后，城市经济对于贸易的支撑作用也较有限。

（一）边境口岸城镇对社会发展的促进作用

边境口岸城镇是国家实施全面对外开放的平台和窗口。我国的对外开放呈现了由沿海、沿江，再到沿边开放的新格局，口岸城镇是这一格局的载体、平台和窗口，它的开放度、投资环境、发展水平都是国家实施对外开放的重要组成部分。

第一，边境口岸城镇肩负着推动国家全面开放的使命。改革开放以来，我国开放的重点一直在沿海地区，虽然 20 世纪 60 年代初国务院提出了沿边开放战略，但该战略仅在我国的 2.2 万公里的陆地边境线上实施，沿边开放仍然局限在为数不多的边境开放城市。因此，边境城镇的开放应承担起带动边疆边境地区开放的重任，否则我国的开放就是不全面的。1992 年 6 月，国务院批准凭祥市、东兴市为沿边对外开放城市，享受特殊的优惠政策，批准防城区隶属防城港市，享受沿海开放政策。1996 年，国务院又批准宁明县、龙州县、大新县、靖西县、那坡县为边境开放县，从此广西边境地区 8 个县、市（区）全面对外开放。

第二，边境口岸城镇肩负着营造宽松国际环境的使命。近几年来，边境地区正在努力构建多个经济合作区，广西也在大力推进北部湾经济区的建设，宏伟战略计划的实施没有宽松的周边国际环境作支撑是无法实现的。必须开辟若干个类似东兴、凭祥等对周边国家交往的边境城镇，并以它们为基点，把"走出去、引进来"结合起来。这对广西乃至整个西南的开发和区域合作都将是有力的推动。所以边境城镇肩负着为国内其他地区的开发与经济发展创造宽松周边国际环境的使命，要想达到这一目的，最重要的便是在社会文化认同等方面消除对抗性的思维。

第三，边境城镇肩负着推动两国间和多国间区域合作的使命。国家间的交流与合作易受意识形态和国家利益等敏感问题的困扰，国家间区域合作千头万绪，谈判过程漫长，甚至遥遥无期。但边境城镇间的关系要简单得多，"远亲不如近邻"。因此，由双方边境城镇推动次区域合作就容易得多，城镇间合作为国家间合作提供了现实可行的载体。所以，以边境城镇间的合作为基础，推动陆路两国或多国间的区域合作是务实的选择。对于西南边境的口岸城镇，有条件的地方可升级为口岸经济区，先在小的范围内实行自由贸易，再逐步扩大范围，进一步实现更大范围的区域经济自由贸易区，这是一条可以选择的道路。

第四，肩负着构建边境国与国之间互信机制的使命。对抗性的思维强调意识形态和价值观念对立，强调国家政治安全与军事安全的安全观，以及"非友即敌"的思维模式，以此遏制潜在的地缘政治对手。所以，在长期对抗性的思维的影响下，只有通过交往才能消除彼此的戒心，只有加强沟通和建立互信机制，才能创造经济合作的良好氛围。首先，政府间互信机制的建立，要本着兼顾双方利益的原则，建立中越边境市级合作机制，以在双方的地级市举行会议、博览会、展销会等形式，解决双边存在的问题并寻求合作的新领域。其次，民间互信机制的建立，要在旅游、科技、文教、卫生、艺术等领域开展友好交往和交流活动，增进两国人民的友谊，鼓励和支持商会、行业协会等民间组织参与协调，进一步扩大交流与合作的领域。

第五，边境口岸城镇肩负着塑造国门形象的使命。边境口岸及其口岸城镇是外宾一入我国就首先看到的地方，良好的第一印象是他们进行经商旅游活动的基础。便捷的通关手续、宽阔的道路、繁华的城市、周到的服务、热情的百姓都会给他们留下良好的印象，良好的口碑对当地起着非常大的宣传作用。良好的国门的形象同样会给对方带来亲和力、认同感、安全感，促使其带着极大的好奇心和追求感进一步了解当地，关心双边发展。西南民族地区边境口岸是连接东盟的交通要冲，西南边境城镇地区将是中国向世界展示自己形象的一个重要窗口，口岸城镇的形象对宣传中国的改革开放政策、优化西南的投资环境、展示当地的风土人情起到了潜移默化的作用，同时也会给过境归国人员以自信力和自豪感。

（二）边境口岸城镇对"固边安民"的推进作用

一方面，边境口岸城镇是国家对外防御的桥头堡。以广西为例，广西陆路边境线总长 1020 公里，地理环境错综复杂，战略地位十分重要。边境地区既是国家安全的屏障，又是与邻国接触的前沿。历史上的数次战争已经证明，如果边境不安宁，那么边境地区人民不仅不能安居乐业，而且会直接影响到全国对外开放政策的顺利实施，甚至会影响我国的声誉。所以，只有保障边境地区的安宁，才能保障改革开放和经济建设的顺利进行，只有保持边境地区的良好秩序，才可以聚精会神搞活经济。然而，边境地区往往容易受邻国民族、宗教、经济和政治的影响，从而导致边境问题的多样性、复杂性、艰巨性和长期性，使得边境地区成为国家安全的薄弱环节，成为各种敌对势力对我国从事渗透、颠覆、破坏活动的最主要的场所。不论是从军事还是政治的角度上讲，边境地区都是国家安全的最前线。边境城镇所在的地理位置，决定了它在保卫国家领土完整方面所承担的特殊任务和所起的特殊作用，它必然要完成保卫国家安全、维护国家稳定的任务。随着改革开放的扩大与深入，我国在经济、社会等各领域取得了可喜的成就，但是各种危害国家和人民财产安全的跨国刑事犯罪行为也有所抬头。特别是近几年，诸如偷渡出入境、跨境拐卖妇女儿童、制造假护照、走私贩卖毒品、贩卖枪支弹药、跨境赌博、有组织的卖淫等活动日益猖獗。口岸城镇的公安边防部队和国防驻军部队是维护边境长期繁荣稳定的钢铁长城。

另一方面，实现边境城镇化才能更好地巩固边境的和平安宁，实现平安边境、和谐边境。历史的经验证明，固国必先强国，强国必先富民。只有边境地区的经济发展了，才可以为巩固边防和搞好边境管理提供物质基础。只有军民共建，边防建设才能得到长远发展，国家才能长治久安。边境地区城镇经济的发展可使广大边境群众逐步走向富裕，只有让边民长期受益，边民的生活得到改善，军民关系才能得到改善，从而使边民更加支持国家的边防建设。人心思安，人心思定，边境的长治久安才有坚实的基础。所以，通过西部大开发和"兴边富民"行动来加快边境地区城镇化的发展，不仅是边境建设的需要，而且是国家安全的需要。

二　边境口岸城镇对西南少数民族地区经济社会发展的作用

在漫长的历史中，边境各族人民为中华民族的形成和发展，为祖国辽阔疆域的确定与巩固，为新中国的建立与强大做出了不可磨灭的卓越贡献，也为边境地区的开发与振兴奠定了坚实的基础。但是，边境地区的经济发展水平还远远落后于沿海地区，落后于全国平均水平，落后于广西中东部地区。总体来看，边境城镇所在地区城镇化程度比较低，而少数民族又比较集中，是我国主要的贫困地区。

2000 年启动的"兴边富民"行动对于巩固边境地区的民族团结，加快边境地区的经济文化发展，实现"富民、兴边、强国、睦邻"具有不可替代的重要意义，为边境地区经济振兴提供了难得的机遇。而边境城镇更是肩负着"兴边富民"的责任，推进边境地区城镇化，振兴少数民族地区的经济，是国家实行西部大开发的重要途径手段。发展边境城镇，推动其开放发展，将有利于提高边境地区城镇化水平，改变少数民族聚居区的贫困面貌，达到"兴边富民"目的，形成稳定团结的局面。

（一）边境口岸城镇是少数民族地区县域经济的增长中心

随着中国—东盟自由贸易区建设进程的不断推进，西南地区与东盟各国的经贸往来日趋紧密，口岸将越来越显示其重要的战略地位和作用。据统计，在我国，80% 的外商直接投资在设有口岸的城市。从国际上看，许多大都市的经济起飞都是首先从口岸经济的发展起步的，如新加坡 GDP 的 80% 属口岸经济范畴。从国内来看，口岸经济区成为许多城市崛起的"引擎"。广西边境地区地理位置得天独厚，若能主动接受大西南以及粤港澳大湾区的辐射，将会成为东盟拓展的承接地。

口岸城镇在边境地区经济发展中起着"龙头"的作用。口岸城镇聚集了工矿企业，商业比较集中，交通运输等服务业发达，是创造财富的主要集中地，是县域经济的核心地带。它将承担与国外进行商务谈判、国外市场调查、进出口商品结构分析、国际贸易动态预测等综合性的职责。更进一步，边境城镇在地区中扮演着与外部联系的重要角色，尤其是在西南地区更是如此。随着我国对外贸易的不断扩展，一方面边境城镇担负着边境地区进出口的运转任务，使它直接与毗邻周边国家和地区联系起来，由此使边境城镇产生了较强的联系效应；另一方面由于边境城镇有发展边境贸易的有利条件，又使它能同周边国家和地区产生一种互惠互利、紧密合作的关系。所以边境城镇是我国与周边邻国和地区及贸易单位积极开拓国际市场，扩大出口贸易的桥梁和纽带。以广西为例，广西边境地区处于环北部湾经济圈、泛珠三角经济圈、东盟经济圈、华南经济圈、西南经济圈、"两廊一圈"等的包围之中或交汇处，但对于如何能够融入这些区域经济实体，并在其中占有一席之地却很难找到切入点。因为边境地区的产业基础落后，在参与市场竞争的过程中不能体现优势，感到无所适从，往往是外面"雷声大"，到边境地区就"雨点小"。只有依托口岸以及口岸城镇的工业、服务业，主动承接东部等发达地区的产业转移，才能以工业化促进城镇化，在经济发展方面发挥平台的作用。

（二）边境口岸城镇是少数民族地区创新理念的集散地

边境城镇的地缘优势，不仅使它具有对外开放的纽带、桥梁作用，还因边境口岸城镇具有一定的交通条件，又使它具有了过客过境和物资集散地的作用。这些边境城镇基本上作为当地的政治、经济、交通、贸易、文化中心，在沟通国内外经济联系、进出口货物的转运集散中起着重要作用。沿边开放已经成为我国对外开放的重要组成部分，边境口岸城镇理所当然地成为我国开放的前沿。城镇集中了学校、图书馆、信息服务中心，甚至有科研机构。这里是创造、学习、讨论和交流思想的场所，从这里拥有先进的管理理念、先进的生产工艺、先进的服务意识。通过发挥带动作用，城镇成为沿边少数民族地区经济思想的先导，把其较为先进的思想观念、思维方式和生活习惯通过人员的流动和信息媒体向周边落后地区传播，以此改变周边落后地区陈旧的思想观念、思维方式和生活习惯，破除新生事物的产生和发展中可能遇到的阻力。特别是先进城镇和模范城镇的示范和带动作用，将使中心城镇成为该地区民族经济发展中创新理念的集聚地。如在广西东兴口岸，每天出境到越南的"跨国上班族"超过3000人。现在，东兴全市11万人口，市内常住人口达8万，其中专为边贸而来的外来人口达4万。2006年从东兴口岸出入境人数达到283万人次，在深圳、珠海之后列全国第三。东兴有小额贸易经营权的企业有120多家。从事五市贸易的边境群众有1万多人，东兴城区注册的经商户有6500户。目前，东兴有海鲜、轻纺、建材、农产品等四个专业市场，2004年又建成占地面积约80平方公里的边境互市贸易区。东兴针对越南和东盟的贸易实际情况，积极筹建中草药市场、红木市场、机电产品市场、大型建材市场等具有边贸特色的专业市场。专业市场的龙头作用，大大提升了边贸的规模与层次。

此外，边境城镇是沿边少数民族地区民族之间交往交流的桥梁。广西边境地区分布着壮族、瑶族、京族等跨境民族，西藏边境地区分布着藏族、珞巴族，云南边境地区分布着傣族、景颇族、德昂族等。民族与宗教往往交织在一起，他们有共同的语言，有共同的爱好，有共同的信仰，有共同的风俗，有共同的习惯。他们通过婚嫁、探亲、访友、经商、教育、就医、劳动力转移、资本投资、朝庙拜佛、节日聚会等方式进行日常的生产和生活。范宏贵等在其著作中总结了跨境民族之间的接触与交往的两种性质，即经济性质和感情性质[①]，其中城镇的日常经济

---

① 范宏贵、刘志强：《中越两国的跨境民族概述》，《民族研究》1999 年第 6 期。

交往是最频繁、最必要、最直接的方式。在中越边境口岸城镇，有双边边民经营的摊位，有他们自己的优势土特产品，有他们每日工作的工厂，有他们游街推销商品的身影。

三 西南民族地区边境口岸城镇发展的主要任务

在新的历史条件下，西南地区重点边境口岸城镇发展的主要任务包括以下三个方面。

第一，完善与省级中心城市的交通通道建设。加强出境国际通道建设仍是今后一段时期内西南地区参与跨境区域合作和次区域合作的重点，国际通道的进一步建设无疑会加快边境口岸城镇的发展。在此基础上，需要进一步完善边境口岸城镇与省域内中心城市的交通设施建设，以便吸引省域内其他地区生产要素向边境口岸城镇流动，包括产业转移等。在云南和广西，重点加快建设连接边境口岸城镇与省域中心城市的公路与铁路，包括中老泰通道的玉溪至磨憨铁路、芒市至腾冲至猴桥铁路、南宁至凭祥铁路、防城港至东兴铁路等。在西藏，由于多个口岸与地州首府城市之间有一定距离，建设连接边境口岸城镇与口岸之间的高等级公路十分必要，这可以促进口岸与相邻城市之间以及边境城市和自治区中心城市之间的互动发展。此外，在继续推进昆明、南宁、拉萨机场扩能外，可考虑在边境重点城镇加强支线机场建设，如云南红河机场和沧源机场等。

第二，完善口岸功能。边境口岸城镇的发展程度主要取决于口岸的贸易量。20世纪90年代初期，云南畹町口岸的所在地曾被设为县级市。由于口岸贸易发展并不如预期，畹町市也于1999年被撤销，因此，边境口岸城镇需要切实依托和围绕口岸促进城镇发展。首先，加强口岸基础设施建设。除市政基础设施外，加强口岸基础设施建设对于城镇发展同样重要，包括建设口岸公路、铁路货运专用通道，配套建设物流仓储设施，完善水、电、路、气、暖功能，推进重点口岸联检、货运监管设施及相关配套设施的建设。其次，加强口岸数字化改造，建设大通关信息平台，进一步改善口岸查验条件，实现通关物流等信息资源共享，发展区域内"属地申报、口岸验放"模式，提高口岸过货效率。最后，推进与周边国家通关便利合作，提高口岸通关能力。

第三，建设好各类开发区。目前，西南沿边地区有不同类别和功能的开发区，包括国家给予特殊政策的经济开发区、重点开发开放试验区、综合保税区、跨境经济合作区和边境经济合作区等（部分内容见表2-3），此外还有省政府设立的物流园区、工业园区等。同各地区的开发区为城市产业集聚区和城市经济增长极一样，这些不同类型的开发区是边境口岸城镇发展的重要引擎，需要结合沿边对外开放新形势的需要进一步完善其功能，使其发挥更大的作用。

表 2 - 3　西南沿边地区对外开放各类型开发区

类型	开发区	设立时间	规划面积/进展/定位
跨境经济合作区	姐告边境贸易区	2000 年	我国第一个实行"境内关外"特殊模式管理的边贸特区，规划面积为 2.4 平方公里，包含贸易、加工、仓储、旅游四个功能区
重点开发开放试验区	广西东兴重点开发开放试验区	2010 年	目标是建设成为深化我国与东盟战略合作的重要平台、沿边地区重要的经济增长极、通往东南亚国际通道重要枢纽以及睦邻安邻富邻示范区
	云南瑞丽重点开发开放试验区	2010 年	目标是建设成为中缅边境经济贸易中心、西南开放重要国际陆港、国际文化交流窗口、沿边统筹城乡发展示范区和睦邻安邻富邻示范区
综合保税区	广西凭祥综合保税区	2008 年	我国边境第一个综合保税区，规划面积为 5.8 平方公里，经营定位为国际贸易、保税加工和保税物流等
边境经济合作区	畹町、瑞丽、东兴、凭祥、吉隆等边境经济合作区	1992 年和 2011 年	经营定位为对外贸易和特色产业

资料来源：笔者整理。

首先,更好地发挥边境经济合作区的作用。边境经济合作区设立时间较长,早期设立的合作区所依托的沿边开放城市面积不大,多个合作区设立于城市中心区或邻近中心区。随着城市的发展,一些合作区已演化成为城区的一部分,合作区功能由设立之初定位的产业集聚区演变为居民生活区,出现了合作区名存实亡的现象。有些合作区虽然仍有工业企业分布,但由于距离城市中心区较近,这些工业企业也面临搬迁的局面。一些合作区由于当时规划面积不大,已不能满足目前城市产业发展的需要。因此,有必要对这些合作区进行清理,重新明确合作区位置、范围和功能,以更好地发挥其集聚产业、拓展贸易的作用。

其次,在条件成熟的沿边地区设立跨境经济合作区。设立跨境经济合作区有利于发挥边境口岸城镇的独特区位优势,通过人流和物流的增长促进城镇的发展。从姐告边境贸易区发展的成效看,跨境经济合作区的设立对于扩大瑞丽对外贸易、发展加工贸易和发展旅游业有着明显的促进作用,瑞丽的发展也在一定程度上受益于这一跨境经济合作区。但从吉隆边境经济合作区的建设情况看,跨境经济合作区的建设涉及领域和主体较多,进展相对于境内开发区较慢。由于跨境经济合作区需要双方国家高层达成共识,且需要根据不同国家制定差别化的运营模式和政策,运营模式和监管模式尚在试验之中,因此,可在云南和广西条件成熟的沿边地区设立跨境经济合作区,探索共同监管、市场准入、收益分享和争端解决等机制。

再次,促进贸工协同发展。贸易是边境口岸城镇的主导产业,但只有建立在加工业基础上的贸易发展才能更好地促进城镇经济的持续发展。在贸易发展方面,边境口岸城镇需要在发展货物贸易的基础上,继续扩大边境贸易、技术贸易、旅游贸易和劳务贸易。同时,依托西南地区的特色优势产业和跨境合作及次区域合作的重点领域,积极发展能源产业、矿产资源加工业、进口资源加工业、机械组装业、农产品加工业、建材产业和生物产业。西南地区边境口岸城镇可利用东部地区和其他地区产业转移以及全国各地区对西藏对口支援的机遇,依托边境经济合作区等各类开发区和重点工业园区，加快发展进口资源落地加工产业，促进资源过埠转化，扩大本地产品出口，提升边贸出口商品质量和附加值。随着我国向西和向南通道建设的推进，沿边地区物流业发展较迅速，有望成为边境口岸城镇的主导产业之一。通过贸工的联动发展，可发挥口岸过货通关、加工制造、商贸流通三大枢纽功能，提高口岸综合效能，也有助于使边境口岸城镇成为出口加工基地和进出口商品集散地，成为我国沿边地区面向中亚、东南亚、南亚的物流通道、国际商贸中心和外向型制造业中心。

最后，扩大城镇社会服务功能。随着近年来边境贸易的快速发展，贸易企业逐渐增多，边境口岸城镇人口规模也在扩大，但总体来看，边境口岸城镇存在城市服务功能滞后于产业发展和人口集聚的问题。要想解决这一问题，需要从以下几个方面入手。一是需要加强商务、物流、金融等服务功能，以服务于贸易和加工业的发展。二是需要完善教育、卫生、文化等社会服务设施，提高人口吸纳能力和服务于周边广大农村地区。此外，昆明和南宁等沿边地区的中心城市都在积极强化面向周边国家的文化、教育和培训功能，如云南省在"十二五"时期加强了国际学校建设以及面向东南亚和南亚国家的汉语推广基地建设，扩大了面向周边国家的招生规模，广西将建设中国—东盟青少年培训中心等。有条件的边境口岸城镇同样需要提升面向相邻国家的社会服务功能，可以通过设立中心城市相关教育和培训机构分支机构或分校的方式提升自身服务功能，从而提高边境口岸城镇对跨境区域或次区域的辐射带动能力。

第三章 西南边境口岸城镇现有发展模式与问题

第一节 西南边境口岸城镇化的模式与特点

本节将分别对云南、广西、西藏等我国西南地区的边境口岸城镇化发展模式、发展现状、结构特征以及存在的问题进行研究。

一 广西边境口岸的城镇化类型

广西边境地区已具有较好的开发基础。新中国成立以来，由于政治和军事的需要，政府非常重视中越边境的交通建设。在铁路交通方面，凭祥至友谊关段窄轨、凭祥国际换装站（凭祥站）、隘口会让站于1954年施工。1955年3月1日修通了河内至睦南关（后改为友谊关）的铁路，凭祥站成为中越两国联运准、窄轨的换装站。[①] 1975年2月，国家计委批准修筑南防线路（南宁至防城港），总投资为4.5亿元，1978年秋动工，1986年12月全线修通。[②] 此外，各地还修建了多条公路。但总的说来，广西边境地区的各项建设进展不大，边境地区还较为落后。目前，广西边境各县除靖西市外人口规模都不大，而且农业人口占绝大多数。边境地区只有凭祥和东兴两个县级市，人口都只有10万人左右，

---

① 凭祥市志编纂委员会编《凭祥市志》，中山大学出版社，1993，第320页。
② 《防城县志》编委会编《防城县志》，广西人民出版社，1993，第303页。

属于小城市，非农业人口占到 30%。这两个城市的第三产业人口占较大比重，流动人口多，第二产业人口的比重较小。这说明边境地区农业产业化程度低，在一定程度上仍处于传统农业社会状态。同时，第二、第三产业不发达，产业结构单一，缺乏有力的产业支撑。长期以来，国家出于战略思考，不把大型的工业项目建在边境地区，使得边境地区的工业基础很薄弱，商品经济发展滞后，人们生活水平低下。城镇基础设施滞后，规划设计不到位，城镇规划明显落后于城镇建设，还存在规划和建设机构规划不完善、调控不力、缺乏预见性等问题。此外，广西边境地区城镇产业结构不合理，缺乏主导产业的支撑和其他产业的带动。城镇化发展水平不平衡，后劲不足，规模效益不大。

2018 年 8 月，广西壮族自治区党委、人民政府决定用两年左右的时间，集中人力、物力和财力，在边境 8 个县（市、区）开展"边境建设大会战"，重点解决边境地区基础设施滞后问题，重点加强交通、通信、教育、卫生等基础设施建设。有关设施水平的提升大大改善了广西边境地区基础设施环境，为广西边境地区城镇化发展奠定了基础。

经济发展必须以资源开发为前提。一个国家（地区）所能实际使用的资源，是决定该国（地区）经济发展速度、经济规模总量的前提条件；一个国家（地区）实际使用的资源总量是决定该国（地区）经济增长潜力以及这种潜力能否最终充分发挥出来的前提条件。[①] 广西边境城镇化的发展应因地制宜、因财制宜、因资源制宜，挖掘当地的资源潜力，开拓市场，促进社会经济的发展，从而发展具有边境特色的城镇。

（一）模式一：口岸经济型

广西边境地区口岸资源富集。陆地有长达 1020 公里的边境线，共有 5 个一类口岸，分别是凭祥口岸、友谊关口岸、东兴口岸、水口口岸、龙邦口岸；7 个二类口岸，分别是平孟口岸、科甲口岸、爱店口

---

① 吴靖平：《科学的资源开发模式：走出"资源诅咒"怪圈》，中共中央党校出版社，2010，第 176 页。

岸、峒中口岸、岳圩口岸、硕龙口岸、平而口岸；25 个三类口岸（边民互市点）。形成了以一类口岸为中心、二类口岸为包围、三类口岸密集分布的状态，共同构成了边境地区口岸城镇经济带。口岸既是边境地区城镇发展的核心、动力和窗口，也是边境地区参与经济全球化、实现跨越式发展的重要平台。口岸在凝聚产业要素、增强区域竞争实力、吸引高素质人才等方面都具有无可替代的重要作用。①

凭祥是我国连接越南及东南亚地区的最大陆路边境口岸城市，目前，凭祥市区面积仅有 3.5 平方公里，人口为 3.5 万，城区呈狭窄的条状，发展受到限制。新的城市规划，把凭祥定位为富有特色的边境旅游城市、连接东盟自由贸易区的重要口岸城市，其主导产业是贸易，产业发展方向是旅游业和加工业。新规划把凭祥城区分为主城区和友谊关区，2020 年城市面积达到 20 平方公里，可容纳 20 万人口。东兴市按照中等城市规模规划建设，依托边境贸易、加工和旅游等产业促进城市发展。2020 年城市建成区人口发展到 18 万～20 万，城市建成区建设用地控制在 20 平方公里以内，城市主要向东拓展。② 凭祥和东兴口岸城市在城镇化进程中要发挥龙头和辐射作用，利用口岸的物流、人流、信息流、资金流的优势，带动和发展边境口岸的城镇化。而水口和龙邦两个一类口岸城镇应该发展到 10 万人的规模，二类口岸城镇应该发展到 5 万人的规模。这样在广西边境地带形成一个以凭祥和东兴为中心、以水口和龙邦为次中心、被众多二类口岸包围的开展对外经济贸易的口岸经济区。在广西边境口岸城镇化的发展过程中，要借助中国—东盟自由贸易区的构建和广西北部湾经济区的发展这些特有的契机和条件，建立激励机制、制定优惠政策以吸纳外来人员和本地分散居住的人员。同时，要重视四个"聚集"。一是人才聚集，主要是吸引高学历的教育科研人员到学校或研究机构，吸引各行各业的技术人员。二是创业聚集，主要

---

① 李文花：《延边口岸与口岸经济发展》，硕士学位论文，延边大学，2005。

② 广西北部湾经济区规划建设管理委员会编《广西北部湾经济区发展规划》，广西人民出版社，2010，第 128 页。

是吸引有志于在边境口岸城镇进行跨国投资的商人、资本家、职业经理人等到边境地区从事产业开发。三是家庭聚集，主要是吸引边境机关单位、驻军部队的工作人员的家属到边境口岸城镇来定居和旅游。四是居住聚集，主要是吸引偏远山区的居民到城镇小区、开发区来定居生活。

（二）模式二：产业集群型

城镇是资源集聚整合的地理核心，是现代经济活动特别是现代工业的主要载体。要立足优势资源，打造支柱产业，发展配套产业，壮大产业集群，促进广西边境城镇化发展。广西边境地区矿产资源十分丰富。大新锰矿位于和越南交界的下雷镇，储量约1.41亿吨，已开采20多年，现仍有1.4亿吨。与越南交界的靖西湖润锰矿场储量达3017万吨，是我国未来的锰矿基地之一。靖西铝土矿场位于该县的新圩、大甲、龙临、禄峒等乡镇，蕴藏量达4.06亿吨，远景储量在6亿吨以上，目前还有部分资源尚未开发。宁明的膨润土矿是全国罕见的特大矿场，具有较高的开发价值。边境地区8县、市、区均有矿种9种以上，多的如宁明达20多种。要充分利用矿产资源，结合边境城镇化发展，科学规划，研究制定切实可行的政策，打造以矿产资源和矿产加工业为主的产业集群。应落实资源就地加工转化制度，限制资源粗放开发或原矿产品和初级产品直接外销。建立矿区集体经济组织，采取农民参股矿产资源开发企业的新方式，吸纳更多的边境农民就业。

广西边境水力资源蕴藏量大，一区两市五县理论蕴藏量达68.742万千瓦，可开发装机容量为39.203万千瓦，而现在只开发了13.037万千瓦，还有很大的开发潜力。广西边境水能资源相对集中，河流落差也较大，有利于建高库大坝。淹没区小，搬迁移民少，同时地理位置适中，各项经济指标都较优越，有利于投资开发水电。可以入股方式吸纳当地边民发展低碳、循环经济，做大做强水电产业集群。

越南和东盟诸国拥有丰富的农林资源，主要包括各种橡胶、热带水果、木材、中药材等。要充分利用国外的原材料，重点发展以橡胶加工业、木材加工业、中药材加工业为主的现代加工业。要积极引导企业重点向精加工和深加工方向发展，建立工业成品体系，提升加工区的整体功能和产业素质，提高工业化发展水平。在着力发展进口加工业的同时，要重视发展国内出口加工业。

随着我国制造业与物流业的融合，在现代化大生产中，物流供应链越来越成为影响一个产业甚至一国经济命脉的重要因素。如果连接产业各个环节的物流渠道掌握在别人手里，足以给我们的产业带来致命影响。要以口岸为基地，以商贸业为依托，充分利用区位交通优势，积极引进知名企业、先进管理技术和资金，加快培育现代物流服务品牌和有国际竞争力的物流产业，引导和促进仓储物流区形成现代物流体系，并向规范化、规模化、信息化、网络化和现代化方向发展。应把仓储物流区建成服务中国—东盟贸易市场的大型综合性国际物流基地和配送中心。

（三）模式三：专业化型

广西边境城镇化发展要走专业化的道路。口岸专业化就是根据口岸所在地的产业布局以及口岸腹地的产业发展状况所形成的物流来源和去向，建成单一或以单一为主的专业口岸。它有利于把有限的资金集中投到重点口岸上，加快重点口岸的现代化建设和相应的配套建设。广西边境重点口岸已建成煤炭口岸、水果口岸、木材口岸、铁矿口岸、旅游过境口岸等。依托口岸的特点，大力发展加工业和服务业，是边境口岸城镇化发展的一条可以选择的道路。应根据口岸的特色和优势，科学安排产业布局以及物流来源和去向，发展口岸城镇，并服务于口岸、交通、信息、文化等各类设施都围绕口岸专业发展，使专业口岸成为城镇的标签。应充分利用毗邻东盟的区位交通和口岸优势以及劳动力价格低、享有西部政策和相关优惠政策等优势，主动接受东部产业转移，努力创造发展制造业的可能性和条件。应从有利于制造业发展的条件和目标出发，重点通过宣传推介、招商引资，引导国内以面向东盟市场为主的制造业厂商落户口岸城镇。重点发展在东盟市场中具有竞争优势的机电、家电、农业机械、小型货车、摩托车等整机制造或散件组装业务，建成中国面向东盟市场的重要口岸型制造业基地。

广西边境城镇发展还要以特色农业、农业产业化为龙头，打好产业发展基础，扩大种植规模；引进对全局影响大、带动性强、具有民族特色和比较优势的优良品种，扶持有市场、前景好的品种；建设若干个标准化的种植管理示范基地。如宁明的爱店口岸开展边境药材贸易已经有100多年的历史。边贸是爱店镇的主要支柱产业，边贸税收占全镇财政收入的80%以上，因此，可以鼓励爱店周围的居民种植药材。爱店要大力发展服务业，搭建产业发展平台，要建立大型边贸中草药交易市场，进行口岸级别的升级，争取早日成为国家中草药进出口口岸。同时还要引进企业到当地落户，拉长产业发展链条，尤其要引进实力强的中草药加工龙头企业。该镇可以拓宽产业发展空间，与旅游业相结合，建设中草药主题公园，如可以考虑建设花山壮医药人文景观园，建立面向东盟各国的中草药博览园。第一产业和第二产业的巨大发展可为第三产业创造更多的就业机会和创业机会，其中的运输、包装、销售等都是联系两个产业的桥梁。另外，可在那坡、宁明、防城港区建立八角香料种植基地，培育和扶持八角香料深加工专业产业化，完善产业链，提升产品附加值。应充分利用边境口岸出口的优势，完善生产、加工、流通环节，从而带动广西边境口岸城镇化的发展。

要利用广西边境丰富的旅游文化资源发展旅游业。广西边境口岸城镇自然风光优美，民族风情独特，还有众多历史文物古迹，边境城镇的自然和人文旅游资源都十分丰富并独具特色。如有秀美的喀斯特地貌的"靖西小桂林"，亚洲最大的跨国瀑布、国家级景区——德天瀑布，全国九大名关之一的友谊关，东兴的京族三岛。广西边境居住着京族、苗族、瑶族、彝族等多个少数民族，其中的风俗习惯和风土人情等旅游资源都有待开发，如那坡县的黑衣壮、龙州县的天琴美女村就有很大开发潜力。反映文化特征的文物古迹也是极其宝贵的旅游资源。边关拥有很多历史遗迹遗址，这些遗址的可观性很强，历代王朝的遗址、墓葬、城址、碑刻、建筑，近现代革命遗址，帝国主义侵略罪证等遍布边境地带，吸引着大量游人。如陆路朝贡之路，抗击外来侵略的古城墙、古炮台，许多游客对此多感兴趣。所以应以旅游带动相关产业的发展，拉动经济增长，加快广西边境城镇化的发展。

二　西藏边境口岸的城镇化类型

西藏自治区位于青藏高原西南部，是我国西南地区的特殊地理区域和重要的少数民族居住区。因高寒偏远，自然条件恶劣，交通不便，所以历史上长期处于封闭落后状态，社会经济基础薄弱，城镇发展缓慢。西藏在和平解放后的四十多年中，虽然城镇化进程逐步加快，城镇发展在区域社会经济中的地位日益突出，发展动力也正由较单一的政府投资转向多元化投资，但由于自然人文环境独具特性，城镇发展总体水平仍相当低下。在新的历史时期，国家实施了西部大开发战略，使西藏城镇迎来了新的发展机遇。

（一）物资集中供应型：樟木口岸

樟木口岸位于喜马拉雅山脉中段南坡、日喀则市聂拉木县南端的樟木镇，以友谊桥为界与尼波尔隔波曲河相望，有长达 110 公里的边境线。口岸所在地樟木镇面积为 70 平方公里，距聂拉木县城 30 公里，距日喀则市 470 公里，距拉萨市 730 公里，距尼泊尔首都加德满都 128 公里，是西藏通往加德满都的最便捷通道。318 国道从上海经拉萨、日喀则到达樟木口岸的友谊桥，从友谊桥接中尼公路（拉萨—加德满都）尼泊尔段，最终到达尼泊尔首都加德满都，是目前我国唯一与尼泊尔相连的公路国际通道。目前樟木镇常住人口约 5000，居住有汉族人、藏族人、夏尔巴人，贸易和旅游高峰期流动人口高达数万。

1. 通商历史和口岸设立

聂拉木镇至樟木镇一线在远古时代就和吉隆同为西藏与尼泊尔往来的重要通道。聂拉木县志记载，自吐蕃王朝以来就有数百人结成部落分布在这一线路上。到了元代，聂拉木镇（现县城）已有较大的规模，当时为边贸集市。聂拉木镇旧称充堆乡（"充堆"在藏语中为"集市"

之意），1999 年升为建制镇并改名为聂拉木镇。18 世纪以来聂拉木一直是西藏通往尼泊尔的主要口岸。在 1904 年亚东口岸成为西藏主要对外通商口岸之前，进口货物大部分从聂拉木输入，再运至日喀则和拉萨等地，出口货物通过聂拉木再转运到南亚地区。直到民主改革前，聂拉木都是中尼边民交易的市场，也是西藏通往印度的必经道路。

西藏民主改革后，于 1962 年设立聂拉木海关，最初口岸对外机构及有关单位均设在聂拉木县城，因此便有了聂拉木口岸。1965 年 5 月拉萨至达来玛桥（友谊桥）的中尼公路建成通车，1966 年聂拉木口岸迁至樟木镇，海关设在距友谊桥 8.7 公里处，此后人们习惯将聂拉木口岸称为樟木口岸，聂拉木（樟木）口岸被国家批准为一类通商口岸。2000 年 12 月，改由聂拉木县直接管理西藏日喀则市聂拉木口岸管理委员会，负责口岸的日常工作。樟木镇现有口岸管理委员会、口岸医院、学校、银行、宾馆、电站、外贸等 40 余个单位和商业实体。口岸联检现场设有边防检查、聂拉木海关、检验检疫等口岸联检系统。经过几十年的建设，樟木口岸的边防、海关、国检、银行、工商、公安等管理机构已相对健全，形成了相对完善的口岸管理体系。各部门协调配合以及维护口岸的社会稳定，并承担边境贸易等工作。

2. 樟木口岸的物资集中供应状况

樟木口岸的物资集散有两个基本特征：一是对外贸易规模大、增速快；二是对外贸易连年大规模顺差。该口岸主要从事盐粮交换，出口的货物主要是食盐，其次是活羊、羊皮、羊毛等，从尼泊尔进口的货物以粮食为主，其次是煤油、汽油、白糖、布匹和其他日用品。

民主改革以前，聂拉木口岸的贸易规模仅次于亚东口岸。每年进口量约 110 万千克，货物总值为 90 多万元，其中盐粮进出口量在 81 万千克以上，平均每年从聂拉木口岸出口食盐 47.5 万千克以上，进口粮食在 33.5 万千克以上，以金额计算，占整个口岸贸易进出口总额的 70%以上。口岸出口的食盐主要产自仲巴县的扎布耶茶卡湖，从聂拉木口岸出口的食盐销往尼泊尔加德满都以北地区，为尼泊尔北部大部分居民提供了食盐和牲畜用盐；由尼泊尔进口的 30 多万千克粮食中，约有 10 万千克为口岸当地居民食用，其余流向境内农牧区或者销往拉萨等地；进口的食糖、煤油、布匹及杂货，除零售给当地居民以外，绝大部分由尼商批发给当地中、小商人，经聂拉木流向境内农牧区的日喀则、拉萨等地。自改革开放后，口岸双边集市贸易额迅速增长，1987 年商品成交额已达 3400.7 万元，此后年平均增长 10%。从贸易产品的结构来看，樟木口岸出口产品主要有化纤面料、服装、鞋帽、箱包、床上用品、暖瓶、电筒、胶鞋、家电、农用机械等。内地企业生产的许多低价产品在沿海和内地已经不太流行但很受尼泊尔人的欢迎，与此同时，樟木并未放弃传统产品的出口，例如每逢一年一度的尼泊尔传统节日大德赛节，就会有成千上万只活羊出口到尼泊尔。

近年来，聂拉木海关逐步优化通关环境，不断提升口岸运行质量，促进了进出口贸易量及贸易值的大幅增长。2017 年，樟木口岸对外贸易进出口总值达 10 亿美元，含暂时进出境贸易值，创樟木口岸开放以来历史新高。目前，西藏自治区 90% 以上的边境贸易、2/3 以上的对外贸易和全国 80% 以上的对尼贸易都是通过樟木口岸完成的，樟木口岸在西藏自治区对外贸易和中尼贸易中占有重要地位。

3. 贸易顺差与城镇化

与全国边境进出口贸易的情况相比，樟木口岸保持着大规模的顺差，且出口比重很大。一方面，借助不断发展的国内经济，大量内地产品经由樟木口岸出关，樟木口岸进一步发挥出连接中国与南亚的重要通道的作用。另一方面，尼泊尔对中国产品的需求持续增长，并有一些产品经由尼泊尔销往南亚其他地区。尼泊尔对中国产品需求的特征是需求层次相对较低，大多为服装鞋帽、家用电器等，近年来对通信和电子产品的需求有所增长。在内地处于淘汰期的产品在尼泊尔仍处于市场的成长期，为此，商家们不远万里把这些产品由内地运到樟木口岸出关，造就了口岸的出口繁荣。

作为物资供应型口岸城镇，樟木吸引了大量从事边贸、旅游、商业、餐饮的外来人口。加上这部分人口，樟木常住人口可达 5000 人，其中大部分人口来自四川、青海、甘肃、广东、浙江、湖南、湖北、山东等地。西藏本区人口主要来自拉萨、山南、日喀则，国外人口主要来自尼泊尔。除外来常住人口，樟木还吸引了大量从事商业运输的人口和游客，人流的高峰期达到每天 5 万多人次。从 1966 年聂拉木口岸迁至樟木镇以来，镇域户籍人口由最初的 600 人左右增长到 2010 年的 1540 人，其中约 90% 为夏尔巴人。镇域户籍人口中约 90% 为农业人口，但其中大部分实际上主要从事非农产业劳动。樟木镇作为口岸所在地，其城镇建设与社会经济发展受到口岸贸易全面而深刻的影响，已从一个边陲村落发展为目前对西藏自治区的对外开放具有重要影响的口岸。城镇交通、能源、通信、教育、卫生、广播电视等社会基础设施相对完善，边检、海关、银行、工商、国检、公安等管理机构比较健全。

在交通方面，318 国道直通边境友谊桥，经过对山体滑坡等自然灾害的逐年治理，已基本实现贸易通商、交通畅通。同时，致力于新乡村公路改扩建工程，如 318 国道聂樟段改扩建工程已于 2010 年竣工，至此，中尼公路全线实现黑色化。

在邮政通信方面，中国移动、中国联通和中国电信网已覆盖口岸全境，邮政局在联检楼内设立了国际邮政信函等对国内外服务办公室，保证了国内外邮电通畅。在教育卫生方面，樟木口岸目前有一所六年制小学、一所幼儿园、一所县级卫生院、一所口岸疾控中心等。由于前些年学校条件差，部分边民将小孩送往尼泊尔学校读书，随着近年来学校设施的完善、师资力量的加强和教学质量的提高，不但不再有边民把子女送往边境外就读，而且原来在境外就读的学生也陆续回国上学，产生了良好的社会和政治效应。在广播电视方面，樟木口岸的广播电视事业呈现良好的发展态势。目前口岸中波电台和电视台等机构已建立健全，樟木口岸已开通有线电视节目 30 多个频道，调频广播节目 3 套，中波节目 4 套。立新、雪布岗和帮村居委会已全部覆盖 "6 + 1""4 + 2" 等村级有线电视、网络、广播电视及无线通信网络，极大丰富了人民群众的文化生活。文化阵地在稳定局势方面发挥了重要作用，樟木口岸友谊桥广播电视转播站现已能正常运行，8套电视节目和3套调频广播节目全部采用无线发射，覆盖友谊桥附近及尼泊尔、菲律宾一带。

4. 口岸城镇化发展的特点

樟木口岸空间结构深受地理条件、交通条件和口岸贸易的影响。一是樟木口岸多山峦起伏，面积集中、连片的建筑用地奇缺，人口和经济社会活动高度集中于少数地理条件相对较好的区域，人口和产业分布形态随地理形态呈不规则的条带状分布，不具备大规模发展的地理条件。二是1965年中尼公路的通车极大地改善了樟木口岸对内对外交通条件，也使其逐渐成为中尼之间人员和货物来往的最主要通道。这条公路穿行于樟木口岸山谷地带，在山谷内逐渐聚集起大量的人口和经济活动，成为樟木口岸的发展轴线，强化了全镇人口和产业带状分布的格局。三是1966年聂拉木口岸迁至樟木，带动了人口流动和贸易活动，镇区至友谊桥一带集聚了全镇80%以上的人口，使其成为社会经济活动的中心。

尽管樟木口岸空间格局受到上述三个因素的影响，但这三个因素在空间上的作用是重合叠加的。它们共同强化了中尼公路沿线和樟木镇区的集聚功能，促成了樟木口岸"一轴一边一核"结构的形成。"一轴"即中尼公路，它是樟木口岸的发展轴线，绝大部分人口和社会经济活动沿线布局；"一边"即友谊桥附近，其中分布的边境贸易活动集中了与边境贸易有关的商业仓储、物流宾馆、餐饮等服务业；"一核"即樟木镇区，樟木口岸绝大部分人口和社会经济活动集中在镇区，镇区的用地以服务于居住和对外贸易相关产业（如宾馆、餐饮、休闲、娱乐、运输等）为主，是常住人口的聚居地和流动人口的集散地。

这一空间结构显示出较为突出的典型特点。一是人口的高度城镇化和地域结构的高度非城镇化。在全镇人口中，80%以上的常住人口在镇区居住和就业，居住形态和就业形态都是城镇化的，且在樟木镇70平方公里内，城镇建设用地不到总面积的1%，人口居住密度很高，各项活动十分拥挤。二是人口和经济社会活动的高度集中化。地形复杂、建设用地狭小、交通网络密度低和以服务业为主的经济结构，使得人口和社会经济活动高度集中在樟木镇区，镇区常住人口密度超过 1 万人/平方公里。由此，樟木口岸的经济发展受边境贸易的影响十分显著，形成了鲜明的口岸经济特征，具体表现为：非农产业特别是第三产业的收入占全镇总收入的比重高达 90%，一半以上的人员从事第三产业；人均收入水平明显高于周边地区；农村人口大量从事非农产业，城镇居民与农村居民收入差距较小。

总体而言，樟木口岸城镇化发展模式具有以下几个特点。

一是口岸具有明显的区位优势。樟木口岸与尼泊尔山水相连，在历史上就是中国通往南亚的一条重要通道，具有与尼泊尔进行经济文化往来的地缘优势。同时，与樟木口岸接壤的尼泊尔与中国的双边关系较为融洽，在长期的友好相处中，也使其利用地缘优势发展贸易。中尼公路的建成与近年来对它的改造，改善了中尼贸易通道的条件，提升了樟木口岸作为中尼贸易前沿的功能，提高了它对中尼贸易流的吸引力，突出了樟木口岸的经济价值，也使得它在地理条件限制较大的情况下，仍保持着西藏自治区最大口岸的地位。

二是口岸具有一定的资源优势。樟木口岸所依托的樟木镇具有较为丰富优质的农林牧资源和旅游资源。这为其发展依托本地资源的特色产业，扩大贸易产品范围和发展服务贸易提供了良好的条件。樟木镇森林面积广阔，且大部分为原始森林，拥有丰富的动植物资源。野生动物有珍贵的熊猫、猕猴、藏雪鸡、水獭、喜马拉雅塔尔羊、樟木黄牛等。国家一级保护植物和珍稀树木有川百桦、乔松、桦木、冬青等。包括樟木口岸在内的聂拉木县的药用植物种类繁多，盛产虫草、贝母、当归、雪莲等百余种名贵药材。此外，樟木镇还具有许多高价值的旅游资源，口岸及周边地区山高林密，降水丰沛。

三是口岸具有突出的先发优势。樟木口岸在交通条件、能源供应、通信设备等方面与区内其他口岸相比，已领先一步获得发展，海关、银行、工商、国检、公安等管理机构也相对健全，是目前西藏自治区设施最健全、运行最规范的口岸。经过改革开放以来的发展，樟木口岸贸易规模远远领先于其他口岸，形成了短期内西藏自治区其他边境口岸难以替代和超越的优势，同时口岸所在地已经形成了以商业、宾馆、餐饮、物流、娱乐为主的经济结构。城镇建设取得明显进步，社会事业也有一定的发展，人口密集为边境贸易的继续发展提供了较好基础。

四是良好的外部环境又为樟木口岸的边贸发展提供了有利的外部条件。西藏口岸发展总体思路的确定，为樟木口岸转型发展提供了战略性机遇，推动其形成新的功能。日喀则市和聂拉木县也高度重视樟木口岸的发展，日喀则市在"十二五"规划期间确定了充分发挥沿边对外开放优势，打造沿边外贸经济走廊的目标，聂拉木县坚持把樟木作为推进经济强县建设的龙头，在近几年采取多种措施加快边贸业发展。

（二）贸易通道型：普兰口岸

普兰口岸位于阿里地区普兰县，它与印度贡吉口岸、尼泊尔雅犁口岸相呼应，是我国唯一对印度开放的口岸，是西藏通往南亚地区的重要陆路交通枢纽和贸易通道，是阿里地区对外开放的前沿和窗口。

普兰县面积为1.25万平方公里，平均海拔在4500米以上，距拉萨市约1200公里，距日喀则市约900公里，距那曲镇约1500公里，距阿里行署所在地狮泉河镇398公里。县域西南与印度毗邻，南与尼泊尔以喜马拉雅山为界，距印度首都新德里、尼泊尔首都加德满都的直线距离均在500公里以内，邻近经济比较发达的印度北部地区。全县边境线总长414.75公里，其中中尼边境线长319.7公里，中印边境线长95.05公里。县内有21个通外山口，最主要的为通往尼泊尔的斜尔瓦和丁嘎山口通道以及通往印度的强拉山口通道。普兰县辖普兰镇及霍尔、巴嘎两乡，约有9058人，属于半农半牧县。普兰县是阿里地区主要商品粮油基地，粮油产量占阿里地区的60%以上。除粮油产品货源外，普兰县文化旅游资源、矿产资源、野生动植物资源也比较丰富，特别是以"神山"冈仁波齐、"圣湖"玛旁雍措为代表的文化旅游资源闻名世界。在西藏各边境口岸中，普兰口岸属于基础设施较为完备、口岸运行正常、贸易活动类型多样的口岸。与其他边境口岸相比，普兰口岸的特色十分鲜明，它是我国唯一对尼泊尔和印度同时开放的口岸。

1. 主要山口通道及贸易规模

普兰口岸的对外通道有斜尔瓦、丁嘎、强拉、拉则拉、柏林拉、奇玛拉、纳热拉和孔雀河通道等。其中最主要的一是斜尔瓦通道，为尼泊尔边民经商、旅游及第三国游客出入境的通道；二是丁嘎通道，为中尼边民互市贸易的主要通道；三是强拉通道，为印度官方香客出入境和中印边民互市贸易通道，强拉和丁嘎通道在距离县城 2 公里的赤德村交会。自古以来，普兰县就通过这些通道与邻国通商往来，该县成为中、印、尼三国政治、经济、文化交流的要地。其贸易主要处于以下几类通道交汇之处。①斜尔瓦通道。斜尔瓦是普兰口岸中尼边民、货物和第三国人员往来的主要通道，是普兰口岸条件最好、贸易量最大的通道，普兰口岸 70% 的对尼贸易由此通道实现。该通道与尼泊尔胡姆拉接壤，距离县城 28 公里，207 省道经普兰镇延伸到斜尔瓦村，交通条件较好。②丁嘎通道。丁嘎山口与尼泊尔接壤，距离普兰县城 23 公里，海拔 5200 米，山势险峻，不易通行，交通条件较差。从普兰县城经简易砂石公路到达多浪后，步行 7 公里才能到达山口，尼方没有道路对接。③强拉通道。强拉山口与印度贡吉接壤，海拔 5050 米，距离县城 23 公里，与县城有简易砂石公路连接，目前至山口尚有 1 公里左右不通公路，印方仅有简易山路对接。④拉则拉通道。拉则拉山口是边民互市贸易通道，也是普兰县活畜出口的主要通道，目前已有通往尼泊尔一侧的砂石路，但没有固定的交易场所。

普兰县历史上就是中、印、尼三国重要的贸易通道、商品交易中心和文化交流重镇。17 世纪初，在普兰边境的主要山口、通道就设有固定的交易点，著名的唐嘎市场至今已有 500 多年的历史。西藏和平解放后，普兰口岸边贸市场经历了几个阶段的建设和发展。1995 年前，普兰县边贸市场仍位于原唐嘎市场所在地，只有 70~80 栋无屋顶的建筑，条件十分简陋。1995 年，普兰县政府新建了 1800 平方米的商业铺面房，改善了唐嘎市场的设施。2003 年，由国家投资在县城中心地带新建了总面积 5000 多平方米、拥有 59 间门市的普兰口岸边贸市场。2006 年政府又对边贸市场进行扩建，同时吉让居委会筹资建设了总面积 3000 多平方米、拥有 219 间土木结构房屋的边民互市贸易市场。2017 年，普兰口岸有 200 多户国外客商。历史悠久且延续至今的边贸市场是普兰口岸的一大特色。

由于历史原因，2002 年以前普兰口岸基础设施落后，政策支持不足，边贸市场发育迟缓，贸易方式为边民互市贸易。2002 ~ 2005 年，西藏自治区政府给予普兰口岸 3 年免税以及举办边境贸易物资交流会等优惠政策，口岸建设不断加快，边贸规模实现较快增长，对满足边民生活需要、扩大中国与印度和尼泊尔的经贸及文化交流、促进普兰县经济发展发挥了重要作用。2004 ~ 2010 年，普兰口岸出口额从 350 万元增加到 1574 万元，进口额从 300 万元增加到 883 万元，在 6 年的时间里分别增长了约 3.5 倍和 1.94 倍，出口增长更快，外贸顺差较大。普兰口岸货物贸易方式以边民互市贸易为主，边境小额贸易规模较小，一般贸易尚未起步，因而进出口的商品主要是初级农畜产品和普通轻工产品。出口货物以羊毛、羊绒、青稞、酥油、食盐、活畜等初级农产品为主，近年来，饮料、服装、家电、日用百货、建材在出口货物中的比重不断提高。进口货物中既有木材、红糖、藏红花、咖啡、食用佐料等初级农产品，也有布匹、呢子、服装、木碗、装饰品、化妆品等轻工业品。普兰口岸海关的出入境旅客包括持护照的中外旅客、印度香客、两国边民等。2016 年普兰口岸海关共监管出入境旅客 4000 余人次，入境多于出境，入境人口主要为印度香客、从事边境贸易的边民和国外游客，游客也多为朝圣者。

2. 口岸城镇化发展的特点

根据上述情况，普兰口岸城镇化发展模式主要有以下特点。

第一，贸易结构基本形成但贸易规模较小。目前，普兰口岸已形成货物贸易和服务贸易兼具的结构，以"神山"、"圣湖"及周边自然和文化遗产为重点的旅游服务贸易，以及以历史悠久、延续不断的边贸市场为平台的商品贸易，成为普兰口岸不同于西藏自治区其他口岸的显著特色。近年来，普兰口岸外贸增长速度较快，据狮泉河海关统计数据，2004~2010年普兰口岸外贸总额由650万元增加到2457万元，增长了2.78倍，2004~2010年西藏全区贸易总额由184876万元增长到565890万元，增长了2.06倍。但是，2010年普兰口岸对外贸易额仅占全区外贸总额的0.43%左右，贸易规模很小。

第二，贸易活跃但贸易层次较低。普兰口岸对外贸易以以货易货的边民互市贸易为主，边境小额贸易处于起步阶段，货物贸易功能以满足边民生活需要为主。因此进出口商品层次较低，主要为农畜产品和普通加工产品，技术含量和附加值低，产业链条短。在工业制成品的出口中，阿里地区自产产品的比重低，除活畜外，其他本地自产产品很少，口岸贸易与特色产业发展的关联较弱。进口商品以日用百货居多，主要有服装、布料、手表、收音机、木碗、藏红花、红糖、咖啡、化妆品、餐具、装饰品、马鞍等马具、木材（包括红木）等；出口商品以初级产品为主，主要有青稞、酥油、食盐、白酒、羊毛、山羊绒、服装等商品，以及山羊、绵羊、驴、马等活畜，结算方式以以货易货为主。

第三，贸易稳步增长但进出口结构失衡。2004年以来，普兰口岸的对外贸易顺差呈上升态势。2016年普兰口岸货物进口和出口额分别为883万元和1574万元，顺差为691万元。如果考虑到在服务贸易中入境人数多于出境人数，那么普兰口岸的贸易不平衡问题就更加明显。贸易顺差的持续扩大，将可能导致中尼、中印之间出现贸易摩擦，不利于对外贸易的长期可持续发展，也给国际收支平衡带来压力。

（三）季节性边贸型：日屋口岸

日屋口岸位于日喀则市定结县西南部的日屋镇，为国家二类陆路口岸。目前口岸内有一个边贸市场，但"一关两检"设施尚未建设完成，处于待完善功能的阶段。日屋口岸所在的定结县位于日喀则市南部，大部分区域位于珠穆朗玛峰东北麓，喜马拉雅山脉横穿县境南部。叶如藏布河蜿蜒全境，汇归朋曲河出境，注入尼泊尔阿龙河。县内地势较高，平均海拔 4350 米，但气候和植被垂直地带性分布明显，位于喜马拉雅山南的陈塘镇平均海拔只有 2500 米左右。全县面积约 7566 平方公里，人口约 2 万。定结县东连岗巴县，西接定日县，北靠萨迦县，南与尼泊尔、印度毗邻，有 9 个山口通尼泊尔、1 个山口通印度，边境线长 176 公里。定结县可追溯至 1354 年帕竹王朝政权统治时期的定结宗。1960 年 1 月经国务院批准，合并定结、康巴两宗并与金龙卡及孔马地区组建定结县。1960 年 5 月，经中共西藏工委批准成立中共定结县委。定结县自设县以来，一直隶属日喀则专区。目前定结县共辖 3 镇 7 乡，分别为江嘎镇、日屋镇、陈塘镇、萨尔乡、琼孜乡、定结乡、多布扎乡、扎西岗乡、确布乡、郭加乡，乡镇下辖共 81 个行政村。定结属半农半牧县，经济以农牧业为主，2011 年农牧业总产值为 6563 万元，产粮食 6262 吨、牛羊肉 1020 吨、羊毛 90 吨、牛羊皮 5000 多张；工业总产值为 234 万元，主要工业为水力发电。全县对外交通较为便利，北通萨迦县至日喀则市，西通定日县至聂拉木口岸，东通岗巴县至亚东口岸，东北经岗巴县、萨迦县县城至日喀则市。定结县日屋镇、陈塘镇均与尼泊尔接壤，考虑到未来扩大与尼泊尔经贸往来、发挥口岸功能的需求，建议将日屋镇与陈塘镇纳入日屋口岸规划范围内进行统筹规划。

1. 日屋口岸的形成与发展

西藏民主改革后，定结县的行政区划与管理变化频繁，从 1960 年代的县—区—乡—村（行政村）四级管理体制，中经人民公社，再到 1988 年撤区并乡。直到 1999 年 6 月，经上级组织批准撤销定结县陈塘区的陈塘乡和藏嘎乡，成立陈塘镇；撤销江嘎乡，成立江嘎镇；撤销日屋乡，成立日屋镇。这样才形成目前全县辖 3 镇、7 乡、81 个行政村的行政区划与管理格局。日屋、陈塘两镇共辖 11 个村庄，总面积约 3920 平方公里，2010 年共有居民 3252 人，占全县总人口的 16.1%，其中绝大部分为农牧业人口；农村经济总收入 1397 万元，占全县经济收入的 20.07%；日屋、陈塘两镇加权农民人均纯收入仅为 1920 元，约为全县平均水平的 60%、西藏自治区平均水平的 46%。自 21 世纪以来，日屋、陈塘两镇农村经济总收入逐年增长，增长速度超过全县平均水平。2001 年日屋、陈塘两镇农村经济总收入为 349.72 万元，占全县经济收入的 11.35%，到 2010 年两镇农村经济总收入增加到 1397 万元，占全县的 20.07%。日屋口岸常住户籍人口共有 1159 人，常住外来商人及流动人口共有 3250 人，以上人口主要从事商业和运输、牧业等工作，还有人进行一些小型项目建设及劳务输出。口岸的产业结构以第三产业和第一产业为主，工业基础十分薄弱。

从每年 5 月开始，尼泊尔及西藏其他县（市）的客商陆续到达日屋口岸进行边贸活动。尼泊尔商人主要用木材、药材、酥油以及手工艺品换取西藏或内地的青稞、大米、面粉、盐巴、青菜、奶粉、白糖及服装鞋帽等日用生活品，国内的商人大多数用现金或青稞、大米等物品购买或换取木材、药材、酥油等。在夏秋交易频繁的时期，客商们集中于日屋口岸边贸市场进行交易。人们从尼泊尔商人及陈塘居民手中买木材、药材等，然后卖给从其他县（市）来的商人，换粮以便为越冬做准备。

日屋口岸具有独特的民俗文化资源。口岸附近是夏尔巴人的聚居地，夏尔巴人为"东方来的人""留下的人"之一。传说其起源于宋朝时期的西夏王朝，属党项人后裔，后来西夏覆灭，他们逃亡到喜马拉雅山深处，分布在陈塘、樟木及尼泊尔一带。夏尔巴人兼有藏族和汉族的习俗，使用藏文、藏语。夏尔巴人虽为藏族的一支，却有着与藏族不同的民俗文化。陈塘的夏尔巴人服饰很有特点。妇女的帽子上以鲜花和孔雀羽毛点缀，脖子上挂着由 200 多个银环连成的项链，胸前挂着 6 个银制的小串子，腰部系着银带，手腕戴着大白贝壳。男性帽子上也以鲜花和孔雀羽毛点缀，腰间大都插一把名叫"果奔"的弯月形短刀，透露出一种原始的古朴。夏尔巴人平日喜饮由当地作物鸡爪谷酿制的米酒"鸡爪谷酒"。由于交通不便，夏尔巴人长期以来很少与外界来往，所以还保留了其独有的婚嫁方式、丧葬习俗和独具风韵的歌舞等，这对于人类学来说具有很高的研究价值。2010 年"夏尔巴歌舞"入选第三批国家级非物质文化遗产名录。

2. 口岸的边境贸易

历史上,日屋口岸所属的定结县有古都、日屋、萨尔 3 个边贸互市试点。1963 年 8 月,3 个边贸试点集中到日屋,由此形成了民间自由发展的日屋边贸市场。1972 年日屋口岸被国务院批准为国家二类陆路口岸,1986 年正式对外开放。在《国家"十一五"口岸发展规划》中,日屋口岸被列入原二类口岸升格为一类口岸名录。2009 年,根据 2005 年经国务院批准的《关于落实对清理整顿后保留的原二类口岸进行处理的意见》及西藏自治区对日屋二类口岸的上报处理方案,日屋口岸"保留并升格为一类口岸"。但是,由于交通及基础设施发展滞后,口岸建设直到 2011 年才真正开始规划。目前的边境贸易仍只是边民互市贸易。日屋口岸的边境贸易集中在每年的 5 ~ 10 月,交易盛期为 7 ~ 9 月。正常情况下,每年来日屋口岸经商的国内外客商达 3000 多人次,在此交易的商品有活羊、食盐、砖茶、大米、酥油、卡垫、木材、药材、日用百货等 100 多个品种,交易量达上千吨。在一年一度的"夏尔巴民俗艺术节"云集此处的国内外商人可达 7000 人以上。由于紧邻尼泊尔,日屋镇很多边民都在从事与边贸有关的生意,居民们用本地或内地的商品与尼泊尔商人进行交易,同时将尼泊尔的产品经定结县城转运到拉萨。

2017 年,日屋口岸边贸成交额突破 300 万元,达到 302.9 万元。2008 年受暴力事件影响,全年来此交易的商人仅 1228 人,完成边贸额 293.6 万元。2010 年成功举办了首届日屋口岸物资文化交流会,其间有 600 名尼方边民、244 户中尼商户参展,交易总额达 339.15 万元。2010 年日屋口岸对外贸易额达到 1034.55 万元,比 2003 年增长了 11.7 倍,首次突破了千万元大关。其中,出口额达到 734.55 万元,比 2003 年增加了 16.7 倍;进口额达到 274.25 万元,比 2003 年增加了 6.1 倍。2011 年日屋口岸边贸额达到约 1300 万元。日屋边境互市贸易每年为县财政创收 30 万元左右，占年度财政收入的 20% 以上，对活跃定结县农产品市场，提高群众市场竞争意识，增加群众收入，促进农牧区经济快速发展起到了一定的作用。此外，根据 2003 年 12 月 3 日中尼两国政府间协议，为进一步发展两国贸易，双方政府同意增开两对边境贸易点，其中就有尼泊尔的基马塘镇和中国的日屋。但实际上，与基马塘相邻的是陈塘，但由于以前陈塘不通公路，可交易物品有限，做季节性贸易的尼商只能经陈塘到日屋，每年大约有 2000 人次。随着公路向陈塘延伸，物资的进出越发顺畅，陈塘镇正逐渐成为尼泊尔基马塘夏尔巴人的一个物资供给中心。公路修到纳当村时，那里就形成了个微型的边贸市场，许多尼泊尔人直接到纳当村采购。公路修到陈塘以后，陈塘在边境贸易中的地位必然会有所提高，成为又一个可以与日屋比肩的边贸市场。

3. 日屋口岸城镇化发展的特点

日屋口岸的边贸发展有许多有利条件，同时也不同程度地面临一些制约因素。全面认识这两方面的条件，是发展日屋口岸与对外贸易的前提。

（1）区位优势。与西藏自治区其他边境口岸相比，日屋口岸与区域内外中心城市和中心市场较近，具有便捷地连接区域内外中心市场和建设现代交通网络的条件，有利于打破边境的限制，逐步发展边境贸易。此外，日屋口岸毗邻人口众多的南亚消费市场，特别是对应尼泊尔东北部地区市场。与日屋口岸相邻的尼泊尔萨迦玛塔、戈西和梅吉 3 个专区，共有 16 个县市，总人口在 700 万以上，如果再加上印度比哈尔邦、西孟加拉国的边境城市，总消费群体接近 2 亿人，这为日屋口岸今后对外贸易的发展提供了较为有利的市场条件，也有利于与其他边境口岸形成分工关系。

（2）建设条件优势。与樟木、吉隆、普兰等边境口岸相比，日屋口岸地势平坦，地质条件相对稳定，特别是日屋镇区至车布达山口地势平坦，不仅能够布局贸易管理设施，也可以布局商业、宾馆、餐饮、仓储、物流、加工业活动设施，从而形成一定规模的口岸中心城镇和发展走廊。从道路修建条件看，中方一侧的条件也好于吉隆，陈塘公路已建成通车，因此，目前制约日屋口岸发展的交通因素主要在尼方一侧。但是，日屋口岸对于建设来说最主要的不利条件是海拔高。日屋镇海拔4700米，对人体体能的消耗和设备的损耗都很大，不宜集聚较大规模的人口和开展经济活动。陈塘镇虽然平均海拔不太高，但地形复杂，山路崎岖、多峡谷，也不利于展开建设布局。而且日屋口岸位于珠峰保护区的核心区内，如果保护区范围没有调整，日屋口岸的很多建设项目也都无法实施。

（3）资源优势。日屋口岸特色农林牧资源、旅游资源、水资源较为丰富。日屋镇牧业较为发达，出产牛羊肉等畜产品。陈塘镇森林面积广阔且大部分为原始森林，出产黄连、三七、天麻、虫草等珍贵药材，以及鸡爪谷等特色作物。那塘沟、嘎玛沟、途隆沟风景秀美，夏尔巴文化绚丽多彩。纵贯陈塘镇南流入尼泊尔的朋曲河是印度洋外流水系中的著名河流，流经日屋镇再向东转至陈塘镇的纳当河，是定结县南部的最大河流，这些资源有利于当地农业、旅游业的发展。

（四）西藏边境口岸城镇化发展中存在的问题

经过50年来的发展，特别是中央第三次西藏工作座谈会后，在党中央的关怀和全国各兄弟省（区、市）的大力援助下，全区口岸城镇建设进入了一个新的发展阶段。但从总体上看，西藏城镇的发展还处在起步阶段，城市化水平还很低。1999年底，西藏城镇人口仅为44万，其中城镇非农业人口为24万，城市化水平为9.8%，远低于全国30%的平均水平。城镇基础设施建设十分滞后，在71个县城中，除地区所在地县城外，基本没有等级道路和城镇道路骨架，61个县城无排水、防洪设施，16个县城无供水设施，70%左右的县城还使用木材、牛粪、燃油为生活和取暖燃料，城镇基本未进行城市生活垃圾无害化处理。城镇人口少、规模小、布局分散、交通不便、基础设施不配套、服务功能弱、抵御自然灾害的能力差，这是西藏城镇的基本特点。

西藏口岸城镇发展中存在的问题主要有以下几点。

（1）城镇数量少、规模小。相较于云南、广西等省（区、市）的边境口岸数量，由于西藏受自然条件限制，边境口岸数量少，发展薄弱。城镇数量少、规模小，严重影响了城镇在区域发展中中心带动作用的发挥。

（2）城镇空间分布不均衡。西藏自然条件造成的巨大的地域差异性深刻地影响了人类活动的空间，使城镇的空间分布极不均衡。因毗邻印度、尼泊尔、不丹、缅甸等国，边境贸易在改革开放以后得到进一步发展，边境口岸型城镇也随之崛起，进一步加剧了城镇空间分布的不均衡。在藏东峡谷地区、藏中南宽谷地带，尤其是"一江三河"流域中部地区，自然条件相对较好，农牧业开发历史悠久，城镇发展较快，人口分布较为稠密，而藏西北高原则由于自然条件的恶劣，人迹稀少、城镇发展较差。在高原地广人稀、经济落后的特殊情况下，西藏城镇建设、经济发展和人民生活严重依赖交通建设和天然的地表水源。

（3）城镇经济实力弱，缺乏吸引与辐射的能力。目前，西藏城镇经济实力仍然很弱，第二、第三产业落后，尤其是城镇市场发育缓慢，严重影响着城镇经济职能的发挥，导致城镇职能过于单一。这不仅使城镇间缺少相互联系的动力，尤其是经济联系的动力，而且使城镇缺乏发展活力，从而导致城镇的吸引力和辐射力弱小，不能有效地带动区域社会经济的发展，使城镇在区域中的中心地位不够突出。

（4）城镇发展缺少完善的动力机制。改革开放以后，边境口岸依托于边境贸易，使得城镇化发展有了较好的基础。但由于经济基础薄弱、基础设施建设滞后和受自然经济影响，市场体系建设也比较落后，刚刚起步的城镇建设缺少"造血"功能，城镇发展的外部动力明显不足，内部缺乏自我发展能力。

（5）区域基础设施落后，城镇发展的支撑体系不健全。区域基础设施是城镇发展的重要空间支撑条件。几十年来，西藏道路交通、能源、邮政、电信等各业的发展深受国家重视。以国道主干线为主骨架，连通相邻各省（区、市）内各地区的公路网已基本形成；以水电为主，以火电、热能、风能、太阳能为补充的电力及能源供应已产生了较大的社会经济效益；邮政、电信业发展步伐也逐步加快。这些都在很大程度上推动了城镇的快速发展。但同时，现有的基础设施水平已远不能满足区域经济和城镇建设不断发展的需要。目前，公路等级较低、路况较差且常受自然破坏，民航发展不足，交通网络不完善；能源供应能力低，且不成体系；通信网络发展落后，供需矛盾大等，严重制约着城镇的进一步发展。

（6）城镇内部设施落后，综合服务功能较差。西藏口岸城镇经济实力弱小，尽管有着较好的外部支援条件，仍不能改变西藏城镇基础设施投入少、欠账多的现实。多数城镇道路、供排水、能源、通信、绿化等设施仍维持在较低水平，科技、文化、教育、卫生医疗设施严重不足。城镇综合服务功能较差，满足不了城乡人民生活及经济发展的需要。另外，在各项建设中，城镇建设忽视地方特色，缺乏系统的综合规划，盲目照搬内地建筑风格，极不利于优秀民族传统及文化特色的保持。

三 云南边境口岸城镇化类型

云南城镇建设具有悠久的历史，但是由于新中国成立前云南经济社会发展处于极其落后的状态，城市发展长期停滞不前。1950年，全省只有昆明一个市，人口仅有28万。新中国成立以后特别是改革开放以来，云南城镇建设进入较快发展时期。现已形成了3个地级市、12个县级市、109个县城、305个建制镇和1153个乡政府的城镇格局；城市化水平已由1978年的10.48%提高到1999年的21.1%，土地和户籍管理改革成效明显。特别是1999年昆明世界园艺博览会的成功举办，使得昆明市和云南不少城镇面貌发生了深刻的变化。

云南目前拥有众多产业和类型特色各异的口岸城镇。这些口岸城镇大致可分为六类：交通型、旅游型、商贸型、口岸型、水电型及工业型。每一类不同的城镇与所在地域的自然、资源、经济和社会体系都建立了不同的耦合关系。正是这些耦合关系的互动，决定了云南口岸城镇的发展必须走多样化与多元化的道路。本部分重点分析了边境口岸的城镇化发展模式。

（一）商贸旅游型：河口口岸

河口口岸位于红河州河口县南端，为县城所在地，隔河与越南老街、谷柳两市相望，属国家级口岸。1895 年河口被辟为商埠，1910 年滇越铁路建成通车，云南省 85% 的货物经河口进出，河口成为云南省最大的进出口商品集散地，经济盛极一时。1979 年中越自卫反击战及其后十年间，河口经济停滞不前，发展缓慢。1991 年 11 月中越两国关系正常化，1992 年河口被国务院批准为沿边开放县，河口铁路口岸复通，河口经济发展步入快车道，经济总量从 1991 年的 1.1 亿元发展到 2013 年的 30.3 亿元，增长了 26.5 倍，年均增速 16.27%，人均 GDP 从 1991 年的 1556 元发展到 2013 年的 28673 元，增长了 17.4 倍，年均增速 14.16%；财政总收入从 1991 年的 853 万元发展到 2013 年的 2.9 亿元，增长了 33 倍，年均增速 17.38%。2014 年 5 月，981 海上钻井平台在西沙海域作业遭到越南非法干扰引发中越关系紧张，河口经济再次遭受重创。GDP 增速从 2013 年的 15.2% 回落到 2014 年的 10%，外贸进出口额增速从 2013 年的 7.3% 下降到 2014 年的 -14.4%，接待国内外游客人数增速从 2013 年的 22.4% 下降到 2014 年的 -29.4%，旅游业总收入增速从 2013 年的 22.5% 下降到 2014 年的 -19%，财政总收入增速从 2013 年的 19.1% 回落到 2014 年的 13.7%。毫不夸张地说，中越关系的稳定是河口经济发展的基石。目前，河口已形成边民互市、边境贸易、国家贸易、转口贸易、经济技术合作、边境跨国旅游为一体的新格局，口岸基础设施日益完善，正逐步成为一座具有亚热带风光的边境商贸旅游城市。

总体来说，河口口岸城镇化发展模式有这样几个特点。

一是把加快城镇化建设作为县域经济发展的有效载体。从城乡发展的格局看，经济腾飞的"龙头"在城市、在集镇。据专家分析，城镇人口比重提高 1 个百分点，全社会消费品零售总额将相应上升 1.4 个百分点，可拉动经济增长约 0.5 个百分点。因此，充分发挥"县城就是口岸，口岸就是县城"的优势，大力推进以县城为核心的城镇建设，通过壮大城镇规模、增强吸纳功能、辐射功能，大力推进资金、技术、人才、信息等生产要素的聚集和重组，为第二、第三产业的快速发展拓展空间、创造条件。同时，积极推进厂城融合、城乡双向交融，加快农业人口城镇化、城镇区域扩大化、生产发展非农化和人民生活文明化进程，更好地提升人气、提高品位、做强城镇经济（口岸经济）。

二是把培育、发展特色经济作为县域经济发展的主攻方向。从区域竞争的态势看，特色是财力、潜力、竞争力、生命力。经济发达地区的实践也证明，要想加快发展县域经济，就必须结合本地资源状况、交通区位、产业结构、科技水平等综合因素，在经济发展新格局中，打造自己的特色，扩大自己的优势，建立自己经济发展的"坐标系"，大力培植"人无我有、人有我优、人优我特"的市场"亮点"，开辟适合自己发展的新路子。放大优势经济，培植强势经济，做亮特色经济。就河口县而言，就是要"做优一产""做大二产""做强三产"。"做优一产"具体说就是要大力推进香蕉、橡胶、珍稀林木的产业化经营，按照"公司＋基地＋农户"的模式，积极促进农业产业化发展，通过订单农业等形式，积极推动种植结构调整，将每个基地与一个龙头企业相连，形成龙头加基地，基地带农户，产供销一条龙、贸工农一体化的产业链条，促进传统农业的优化升级，提高农业的整体效益。"做大二产"就是要坚持"工业兴县"的发展思路，坚持"工业围绕农业办、农业瞄着工业干"，以农产品、边民互市商品精深加工为主攻方向，大力发展工业，将加速实现工业化作为实现跨越式发展的突破口和主动力，从而提升县域经济的整体实力。通过工业化带动城市化和农业产业化，促进商贸流通业、现代服务业同步发展。"做强三产"就是依托口岸优势大力发展对外贸易、物流、旅游、金融、会展等现代服务业，提升服务业的质量和层次，把服务业打造成支撑县域经济发展的支柱产业。

三是把推进河口跨区建设、发展生物资源加工作为全县工业发展的核心和增长极。多渠道筹集资金，加快中越河口—老街跨境经济合作区基础设施建设，创新招商方式，加大招商力度，主动承接发达地区的产业转移和要素外溢，依托境内外原料和市场，重点发展香蕉精深加工、木薯精深加工、咖啡加工、热带水果果汁饮料加工、蔬菜加工和其他生物资源加工产业。其中以香蕉加工、木薯加工、咖啡加工、热带水果果汁饮料加工为生物资源加工产业主要发展方向；将机电装备、轻纺（服装）、玩具、家具、轻型五金、电子产品作为承接产业主要发展方向。

四是把抓好项目建设作为县域经济发展的强力支撑。县域经济是项目经济。从当前经济发展的动力看，只有坚持不懈地抓投入、上项目，才能增强经济发展后劲。从发达地区的经验看，县域经济发展能力和综合实力的竞争越来越集中体现为项目的竞争，谁拥有高科技含量、高市场容量、高产品质量的项目，谁就能在今后的竞争中占主动。特别是对于一个县来说，项目建设更是至关重要，要想靠有限的资金投入换取较高的经济效益，就必须立足自身实际，以市场为先导，选准投入方向，加大项目建设。同时，多渠道筹措资金，引入社会资本加快道路、供排水等基础设施建设，夯实发展基础。按照市场经济的要求，创新服务思路，拓宽服务领域，通过积极创建服务型政府，实现从"管理"向"服务"角色转变，最大限度地实现行政提速、审批畅通和办事高效，创造宽松的宏观社会环境、平等竞争的体制环境、稳健有力的政策环境和高效快捷的服务环境，形成"磁场效应"和"竞争洼地"，赢得发展主动权，实现经济跨越式发展。

不过从河口县目前发展情况来看，支撑第一产业发展的主要是香蕉和橡胶等初级产品销售，但由于河口县地处西南边陲，运输距离长，远离原料产地和市场，与沿海地区相比竞争优势不明显。同时，三次产业结构中，第三产业的比重高达60%。支撑第三产业增长的主要行业为以旅游业为主导的餐饮业、住宿业和对外贸易，两个行业的发展都严重依赖国外市场，极易受国内外形势变化的影响。2014年以来受越南过激分子反华事件的影响，跨境旅游、对外贸易遭受重创，接待国内外旅游者同比下降 29.4%，旅游业总收入同比下降 19%；进出口总额同比下降 14.4%，进出口货运量同比下降 31%，出入境交通工具数量同比下降 23.8%；社会消费品零售额比上年同期回落 0.3 个百分点。第三产业一蹶不振，各项指标持续下滑或出现负增长，导致第三产业增速回落，对经济增长的支撑作用下降，经济增速仅为 10%。

（二）边贸物流型：畹町口岸

畹町口岸位于云南省最西端的德宏州，东南、西南、西北三面和缅甸山水相连，是国家一类口岸。不少中国商品由此经缅甸转口到孟加拉国、泰国、新加坡、印度和中东国家。畹町镇位于瑞丽东部，与缅甸一河之隔，有畹町—九谷（缅）大桥连接，是云南省最早开放的国家一类口岸之一。瑞丽市近年来持续推进"森林式、生态型花果园林城市、候鸟型旅居城市"建设，城市建成区面积为 23 平方公里，城镇化率达 53.7%，已超过全国平均城镇化率近 1.5 个百分点。畹町镇的主要产业为种植业、养殖业、第二产业和第三产业等，产品主要销往区内。2007年全镇主产业销售总收入为 2078 万元，占农村经济总收入的 68.04%。畹町镇目前正在发展甘蔗、橡胶、蔬菜、养殖等为特色的产业。口岸服务型农业是畹町经济发展的主要组成部分，探索建立该类型农业是增加农民收入的有效措施。围绕边境口岸园林城市和云南畹町边境工业区的经济社会发展需求，做强做大口岸服务型农业。把口岸服务型农业发展与畹町全面建设城镇化社会紧密结合起来，使畹町口岸服务型农业成为既能为城乡居民提供所需蔬菜、瓜果、肉禽、蛋奶等农副产品，又能保护生态环境，提高城市园林绿化度，为边境口岸城市增添独特景观的绿色农业、生态农业、观光农业，不断增加农民收入。

畹町口岸的城镇化模式具有以下几个特点。

一是依靠大项目推进城镇化大发展。从 320 国道驶入瑞丽城郊，处处可见如火如荼的建设场景。畹町热带水果批发市场、景成新城、瑞丽湾国际旅游度假村、弄莫湖湿地公园、广贺罕傣王宫遗址公园、瑞丽环山工业园……每一个繁忙的工地都代表了瑞丽向城镇化迈进的铿锵步伐。2017 年瑞丽市共签订各类投资、合作项目 21 个，招商立项批复 17 个，协议投资金额约 80 亿元，全年共有 3000 万元以上新开工项目 22 项，其中亿元以上项目 7 项，完成投资 12.8 亿元。其中，景成循环经济产业园 10 万吨硅冶炼一期投入试生产，10 万吨电解锌冶炼、姐告免税购物区等一批重大项目开工建设，国门春城、景成新城等近 20 个旅游地产项目正在快速推进建设。除此之外，新建和改扩建总长 35.47 公里的 39 条城市道路，改造 88 公里农村公路。基础设施的相继完成，对推进瑞丽城市化进程发挥了积极的作用。

二是城乡统筹支撑城镇化建设。2011 年 12 月，云南省委九届二次全会提出了"统筹城乡、城镇上山、农民进城"的总体目标，要求做好低山缓坡建设和城镇试点工作，推进具有云南省特色的城镇化进程。瑞丽市委、市政府在落实这个总体要求工作中，深入对各个乡镇低山缓坡林地进行了摸底调查，通过反复论证，果断决定开发建设北部新区、环山工业园区、瑞丽湾国际旅游等项目，将保护坝区农田、建设山地城镇纳入了工作议事日程。也正是得益于这个总体要求，瑞丽试验区建设和项目供地难的矛盾才得以缓解。云南省紧紧抓住国家低丘缓坡综合利用试点工作机遇，规划启动了环山工业园区一期，并将该园区纳入低丘缓坡综合利用试点范围。目前，该园区基础设施建设已正式启动，筛选入园项目 85 个，协议资金 32.6 亿元。

在政府主导、部门联动、统筹协调、"三规"合一的广泛宣传下，群众积极支持"城镇上山"工作。2017 年，在户育乡召开的环山工业园区工作动员会上，园区的一期征地所涉及的 4 个村民小组约 240 户人家，纷纷表示愿意支持园区建设。在统筹城乡发展方面，瑞丽目前正在进行城乡空间战略规划、城乡发展近期建设规划以及弄岛、姐相特色小镇建设规划等编制工作。这些规划实施后，对加大城乡基础建设，缩小城乡差异，逐步实现城乡建设均等化发展无疑将起到巨大的推动作用。据了解，至 2017 年末，瑞丽市共争取新增建设用地指标 4475 亩，环山工业园、瑞丽湾国际旅游度假中心、畹町经济开发区灵溪片区三个项目已进入省低丘缓坡土地综合开发利用项目审查范围。2018 年，随着"城镇上山"政策的不断深化，瑞丽将进一步加紧改造提升老城区，加快建设新城区，完善城市功能，把中心主城区做精做大。同时依托交通干线，推进瑞丽城市"东联西拓"，加速瑞丽—姐告、瑞丽—畹町、瑞丽—弄岛一体化进程，加快区域城镇化发展，把口岸城镇做特做美。此外，在全州统一部署下，积极参与瑞丽—芒市、瑞丽—章凤一体化建设，推动城乡规划、基础设施、公共服务一体化，加大"农转城"工作力度，切实保障农村转户进城居民和被征地农民的合法权益，促进城乡要素平等交换和公共资源均衡配置，形成以工促农、以城带乡、工农互惠、城乡一体的新型工农、城乡关系，探索一条沿边地区统筹城乡发展的新路子。

四 西南边境口岸城镇化的三类模式与特点

从改革开放初期"积极发展口岸城镇"到 20 世纪末"促进口岸城镇健康发展"，再到当前国家新型城镇化重要步骤的"特色小镇"，中国城镇化的进程一直不断推进，且定位更加准确、内涵更加丰富。随着国家综合实力的提升，原本发展滞后的边疆地区，如今不仅成为国家战略的重要组成部分，亦是未来最具发展空间和活力的区域。因此，边境村寨、城镇作为沿边开发开放的载体与根基，如何更好地、因地制宜地推进其城镇化进程，是当前西南地区面临的重要任务。近几年来，学界对相关议题的研究热度不断上升，一批学者深入边疆地区，对边疆的城镇化进行实地调研，其中口岸经济对于城镇发展的牵引作用成为学界讨论的热点，学者们认为缘于边境口岸的边贸经济形态能够为区域城镇化进程提供强有力的动力，依托于边贸经济的口岸型城镇建设，已经成为改革开放以来西南边疆民族地区口岸城镇建设的便捷途径或特色模式。口岸综合实力是城镇化发展的重要基础，而口岸自身情况，如产业发展、劳动力状况、口岸的运用与结构等是城镇化发展的重要动力，也是口岸商业贸易繁荣的重要动力，除有助于促进人口转移外，也有力促进了许多新兴行业的诞生。其所带来的这些根本性变革，也是城镇化水平提高的一个重要表现。为此，需要充分认识、培育和发挥边贸经济的作用，促进边境口岸城镇的可持续发展。

从现有研究来看，学界对口岸型城镇的研究还不够深入，尚停留于口岸经济、功能对城镇建设发展发挥单一的积极作用的研究阶段。事实上，在口岸型城镇发展较好的中越边境地区，口岸型城镇发展的差异已初步显现，展现出不同的发展模式。笔者认为对于这些模式应及时总结分析，从而更深入地了解口岸型城镇发展现状，并对其总体的发展趋势做出预判。通过对中越边境口岸型城镇的调查，笔者认为口岸型城镇的发展可分为如下三个模式。

（一）口岸与城市相融合

"岸在城中，城即是岸"可以说是口岸与城市相融合这一发展模式最为突出、鲜明的外在形态。这类发展模式的口岸城市通常拥有连接国内外的区位优势，交通较为便捷，与之相对的邻国边境区域社会经济发展水平较高，贸易互补性强，因而边境贸易十分繁荣，口岸跨国区域合作内容丰富。口岸城市的发展可辐射内陆多个腹地城市，聚集了各类资源，成为区域内人流、物流、信息流、资金流的交汇之地，城市呈现出十分明显的商业性、流动性等特点。相较于其他发展模式的口岸型城镇，此模式的口岸规模更大、设施更完善、功能更全面，边境贸易的货物种类更多、数量更大，从而使边贸的地位尤为凸显，成为城镇最主要的支柱产业。口岸建设及边贸运行带动了运输、商贸等一系列服务产业的兴起，而这些产业又孕育出了多种多样的职业，使双方边民、市民的职业选择也更加多元化，日常往来更为频繁，从中可见口岸与城市整体发展的结合度是较高的，中越边境这类模式的口岸城市主要为东兴市以及河口瑶族自治县。

案例1　水果集散地——河口

河口瑶族自治县位于云南东南部，隔红河与越南老街市、谷柳市相望，交通非常便利，滇越铁路、昆河公路、红河航道等在此形成枢纽与越南对接，河口口岸所对的老街口岸是越南北部唯一一个省会城市口岸，是云南省乃至西南地区通向东南亚、南太平洋最便捷的陆路通道。因河口气候属热带季风雨林温热型气候，山区占其总面积的97.76%，因此，种植业较为薄弱，主要种植香蕉、橡胶、菠萝三种热带农作物。此外，山区地形会使企业前期投入成本较大，因而全县工业几乎为零。虽然在农业、工业的发展上都不占据优势，但口岸的开通、边贸的往来使"县城即口岸，口岸即县城"的河口依托边贸、跨境旅游发展成为中越边境线云南段最繁荣的口岸型城镇。目前，河口边民互市交易的进口商品主要有：海产品（冰冻鲤鱼、冰冻鲍鱼、冰冻螃蟹、鲜活龙虾），坚果类（腰果、开心果、核桃、杏仁），水果类（西瓜、火龙果、荔枝、香蕉）；出口商品主要有儿童玩具、涂料、电瓶车配件、日用品、小家电等。其中，水果、蔬菜作为主要贸易货物，在很大程度上带动了河口及周边地区的发展。以水果贸易为例，因越南主要属热带气候，热带水果资源丰富，却难以种植亚热带、温带水果。河口虽也无法种植，但其所在的红河州地处云南东南部，属于亚热带季风气候区，立体气候明显，水果资源十分丰富，如弥勒的葡萄，蒙自的石榴，石屏、建水的柑橘，沪西的杏子和梨，等等。因此，中越双方水果贸易的品种、季节的互补性极强，使得河口成为重要的水果进出口口岸。

在河口水果批发市场，每天早上八点十分至九点半，是交易的高峰期，越南边民通关后前往水果批发市场购买所需商品，院内停满的小货车都来自周边县域，水果卖空后就可回家，开有店铺的多为广东、湖南、四川等地从事多年水果进出口代办生意的老板。他们多从昆明进货，将陕西的苹果、新疆的哈密瓜等温带水果销往越南，或将越南水果，如荔枝等销往重庆、长沙等地。从事水果代办行业20余年的袁老板告诉我们，院内商户们每家每天都有几十吨的水果销往越南，出口水果一车可获得退税 200 多元，中国的水果装卸工基本来自邻近的马关县，每吨 20 元，一天平均可赚到 200 ~ 300 元，货物到越南后也有一批专门的搬运工，各从业群体收入十分可观。可见河口的水果贸易带动了双方边民的就业创业以及周边地区水果种植业的发展，其他贸易货物亦是如此。因此，围绕口岸货物贸易、旅游等，河口商贸繁荣，职业群体多样且互为依托，构成城镇发展不可缺少的一部分，成为"口岸兴市"的典型。（调查时间：2016 年 7 月 4 日 ~ 7 月 6 日，2017 年 1 月 31 日 ~ 2 月 2 日）

（二）前岸中区后市

在前岸中区后市这一模式中，口岸与城市中心显然在地理位置上并不像"岸在城中，城即是岸"模式那样贴近，但口岸对城市发展依然发挥着举足轻重的作用。此模式的核心在"中区"，主要指口岸加工区和边贸市场，它们是连接口岸与城市（镇）的纽带，可使口岸建设与城市（镇）发展形成良性互动。一方面，加工区、专业场所和边贸市场的发展最直接的影响就是增大了口岸的通货流量，推动了边贸经济的快速发展；另一方面，丰富优化了口岸功能，促进了口岸自身的发展。此外，还有助于当地特色产业的培育，而这一特色产业不仅仅局限于口岸加工，还将拓展到当地农业、商贸业等第一、第三产业，从而优化城市（镇）的产业结构，增加就业岗位，最终实现城市的全面发展。总体而言，这类口岸型城镇的发展思路是，在充分发挥口岸大通道功能的基础上，加快口岸由通道型向加工型的转型升级，进一步壮大口岸经济，发展边境加工产业，打造特色产业，提升城市产业层次，城市的整体发展又为口岸经济的壮大奠定了更为坚实的基础，从而使城市建设与口岸发展呈现互为依托、相互促进的紧密联系。这一模式的口岸型城镇通常拥有一定的区位优势以及完善的物流仓储、口岸园区设施，能够吸引一批加工企业来此落地，并建立起各类专业市场，形成前岸中区后市的城市布局，在中越边境上这类模式的口岸型城镇数量较多，如凭祥市、爱店镇、龙州县、靖西市等。

案例2 东南亚中药材边贸市场——爱店镇

爱店口岸位于广西崇左市宁明县，与越南峙马口岸相对，自口岸开放以来，边贸红火，进出口货物繁多。作为广西第一个获得国务院批准的中药材进出口口岸，经过多年培育，中药材已是爱店口岸最大宗交易商品，吸引超过80家中草药进出口贸易企业、150多家经营中药材的商户云集爱店，形成中草药专业交易区，成为广西连接越南乃至东盟规模最大、品种最多的东南亚中药材边贸市场。依托中草药的边贸优势，中草药已成为宁明最具特色以及发展潜力的产业。2012年，投资近10亿元的中越边境中草药商贸物流项目落户爱店，是爱店口岸首个集"展示、交易、加工、中转、仓储、冷链、物流"于一体的综合性边贸交易集散地。其中中药材加工中心将为客户的需要提供货物分装、整理、粗加工等多项服务，市场建成运营后，平均年交易额将达10亿元以上。此外，在中草药进出口贸易的带动下，宁明中草药的种植业也逐渐形成规模，建成玉桂、砂仁、砂姜等中草药种植基地。如今，宁明种植中草药的面积超过4万亩，以爱店为中心的集"种植、出口、加工"于一体的大型中草药产业基地已初步形成。（调查时间：2015年8月）

（三）口岸小镇

口岸小镇通常位于地理位置较为偏僻的山区，民族众多，群山绵绵，地形复杂，交通闭塞，城镇产业结构较为单一，缺少优势产业，城镇建设难度大，发展速度缓慢，但也正因为如此，边贸对城镇发展的带动作用更加突出。虽然与上述两种口岸型城镇发展模式相比，口岸小镇在口岸规模和功能、口岸贸易货物种类、贸易成本、通货流量等诸多方面相差甚远，但近些年来，从其自身发展来讲，口岸的魅力已逐步显现。如中越边境的天保镇、田蓬镇、金水河镇等。这些口岸城镇围绕口岸，在一定范围内不断完善城镇基础设施以及公共服务体系，提高服务质量，优化口岸贸易环境，从而使边境贸易保持稳定增长，成为城镇建设的主要产业。此外，我们还应注意到，口岸小镇一个突出特点是都为跨境少数民族聚居区，因而口岸的开放和边贸的发展不仅为跨境民族提供了一个日常往来、互补余缺的平台，更加深了跨境民族的交流与互动，增进了相互之间的认同，有助于构建边境地区的社会秩序，实现边疆社会的和谐与稳定。

案例3　边境小镇——金水河

金水河镇位于云南省红河州金平苗族瑶族傣族自治县的南端，地形复杂，山区面积占9900平方公里，交通条件落后。金水河口岸于1993年被国务院批准为国家一类口岸，但由于基础薄弱，边贸一直发展缓慢，未起到带动作用。2014年后，金平县多方筹集资金，兴建道路、仓库、市场等口岸基础设施，使口岸通关、贸易环境得到优化，同时完善学校、医院、邮局通信等公共基础设施。近几年来，这个口岸小镇逐渐热闹起来，边境贸易日趋繁荣，出口商品主要有变压器、自行车、生石膏。互市商品包括海产品、水果、坚果、布匹、地板砖、电筒等，日交易金额最高超过50万元，越来越多的边民参与其中，金水河镇为此组建了货物搬运队、西贡蕉包装队、摩托车运输队。此外，金平县沿边居住苗、瑶、傣、哈尼、彝、壮、拉祜、布朗（莽人）等8个跨境少数民族，金水河口岸所在地也是中越边民的互市街，除每日的边民互市，中越边民每6天赶一次街，赶街的跨境民族以瑶族、苗族、傣族、哈尼族为主，越南跨境民族来中国境内主要是为购买日常生活用品，销售水果、蔬菜、药材等货物，双方边民在频繁的交流交往中，往来合作更加密切。（调查时间：2017年2月3日～2月4日）

第二节　西南边境口岸城镇化发展中的问题及成因

新型城镇化是关系现代化全局的大战略，是较大的结构调整。我国经济保持中高速增长、迈向中高端水平，必须要用好新型城镇化这个强大引擎，要推动重点边境口岸城镇跨越发展。边境口岸城镇化对国家经济社会发展具有巨大的作用，是国家实施全面对外开放的平台和窗口，是西部大开发战略和兴边富民政策在边境地区的重要体现，关系着边疆稳定和国家长治久安。加强西南边境口岸城镇化建设，更将为西南民族地区的发展创造良好条件。

一　西南边境口岸城镇化发展存在的问题

近年来，西南民族地区边境口岸城镇虽然有了较快发展，但是支撑边境口岸城镇发展的条件总体仍显薄弱，存在一些突出的制约因素，主要包括两方面。

一方面，当前西南边境口岸城镇化发展的资源基础极为薄弱。由于西南边境口岸城镇化起步比较晚、比较慢，但又必须面对与其他地区同等的竞争条件。一是高物价下的城镇化，需要付出更大的成本和代价。城镇化，不单是要进行大规模的城建，还要转移大量的农村人口，以现在的物价、房价，安置一个农村人口的成本都在大幅度上涨，城镇化过程必须要在足够的资金和财力的基础上实现。在口岸城镇建设中，据有关部门测算，包括基础设施、公用设施、服务设施等在内的口岸城镇建设，每平方公里的投入至少需要 2.5 亿元。以现在的物价来看，成本应该超过这个金额，对多数边境县、市来说，这项工作都是很难一步做到位的。二是要留住建设人才，边境地区的条件和待遇相对条件优越的中部和东部地区来说是弱势的地区。现代社会竞争的实质是人才的竞争，最终都会归结到人的素质和创新精神，而价值规律的作用又使得人往高处走，往发达地区、生活条件好的地区、收入高的地区流动。不仅是外地人，就连本地年轻人大都想外出务工、创业，想留住和引进高层次、高质量的人才，需要创造更多的条件，而这些条件也需要一步步完善。三是西南地区的规划工业布局始终在不断调整，导致边境地区争取工业建设项目更是难上加难。例如，广西在近期规划工业布局逐步向沿海转移的战略目标背景下，目前正倾全区之力建设广西北部湾经济区，其中重点建设南宁、北海、钦州、防城港四大城市，重点建设临海工业，无形之中削弱了政府对边境地区的投资。另外，各个地级市也都在如火如荼地进行城镇化，都在争取相关的项目，这样会使边境的口岸城镇在争取工业建设项目时处于劣势的地位。比如新成立的地级市广西崇左市，城镇化刚刚起步，需要非常多的厂矿企业的落地，无形中也削弱了企业落地边境口岸城镇的可能性，不利于边境地区的工业化和城镇化。

另一方面，当前西南边境口岸城镇化发展的文化基础极为欠缺。由于历史和自然条件的原因，边境地区多数地处山区，高山限制了人们的视野，从而形成了封闭的社会系统和文化系统，边民长期以来都处于相对闭塞的环境之中，对大自然怀有深深的敬畏。传统的观念以及一些落后的、僵化的思想意识很难一下子改变，有些甚至根深蒂固。加上边境地区是少数民族聚居区，与汉族相比，少数民族接受教育的机会少，接触现代文明的时间少，在生活方式和思维方式上相对不容易接受新事物，有些还是守着老祖宗的习惯。虽然现代交通和通信工具可以跨越自然的障碍，但要彻底改变原来的生活方式还需要一个长远的过程。

边境地区的城镇化是一项复杂的系统工程，涉及经济、科技和文化等诸多领域，没有高级技术人才与管理人才提供智力支持几乎是不可能实现的。边境地区若要长期、稳定、健康地发展，唯有提高该地区全体人民的科学知识和文化水平，再结合自身的资源优势投入资金和人力，才能形成科学长久的发展。而教育的发展是一个需要长时间见成效的过程，目前边境地区只有一所高等师范专科学校。这对于边境地区经济社会发展对知识和人才需求的层次和结构而言，还远远不够，必须要有一所综合性的大学才能为边境地区的发展提供更多的智力支持。

基础教育和职业教育的投入不够，会直接影响劳动者的素质和劳动生产率，其中重要的素质包括创新意识、道德意识、法律意识、市场经济意识等。然而，据黄必超老师的研究，他认为该地区社会、经济、文化发展滞后的原因是由多方面引起的，其中最为突出的一个原因存在于教育方面——初中生辍学率居高不下，且愈演愈烈。他还分析到，由于教育结构不合理，高中教育发展缓慢，一部分初中生由于初中后教育资源不足而失去了继续接受教育的机会。由于文化教育的落后，边民的素质难以适应开发边境的需要。文化教育的落后不仅使边境地区缺乏建设人才，更严重的是导致观念上的落后，例如思想保守、生活态度消极。在生活消费方面，不科学、不合理，有的边民宁愿花钱在服饰上，也不愿花钱改善其他生活条件，更不愿多将钱投入再生产。教育的落后还导致边民缺乏竞争意识，缺乏科技常识，很少以科学的观念和方法认识世界，对科技成果的应用也抱冷漠的态度，从而严重地制约了人才的培养和经济的发展。

上述的不足呈现为现实中的三个问题。一是国际关系的不稳定影响到双边睦邻友好关系的维系。国际关系正常化是西南民族地区边境口岸城镇发展的基本前提，西南地区周边邻国众多，双边关系状态对口岸影响至关重要。二是基础设施薄弱给贸易交流带来障碍。西南各边境口岸的基础设施条件普遍落后，特别是交通设施落后，这是制约口岸发展的不可忽视的因素。三是经济发展尤其是主产业模糊导致口岸城镇化动力不足。经济发展问题既指国家层面的经济发展态势问题，又指边境口岸自身的经济发展问题，如宏观经济的制约、贸易失衡与边贸政策的影响、口岸自身特色产业弱小、口岸贸易市场规制不足等，这些问题从不同角度影响着西南边境口岸城镇化发展质量。

（一）国际双边关系的影响

由于西南民族地区邻国众多，影响西南民族地区边境口岸城镇发展的国际关系问题便较为复杂和繁多，其中突出表现为中印关系问题。

1. 中印边界问题

国际关系正常化，是西南边境口岸城镇发展的基本前提。从西藏和平解放后的历史中可以清楚地看到我国与印度的关系状态，中印关系对边境口岸城镇的发展产生了重大影响。目前中国与印度的关系主要从两个方面影响着西藏边境口岸的发展。

（1）亚东口岸全面恢复开放。1962 年，印度关闭亚东口岸，在经过 40 余年的交往中断后，亚东乃堆拉山口贸易通道于 2006 年重新开放，乃堆拉通道开放以来，特别是"十二五"时期以来，边境口岸城镇的贸易规模增长很快，2006～2014 年贸易额增长了 50 多倍。尽管增长如此迅速，但是具有中印贸易突出地缘优势的亚东口岸所实现的贸易额，还不到中印贸易总额的 1%，严重地影响了亚东口岸城镇的发展。

目前，从中印两国边境贸易的情况看，民间的积极性很高，但军方控制较严。目前双方仍执行 20 世纪 60 年代制订的贸易清单，此清单上仅允许 29 种印度产品出口中国，15 种中国产品出口印度。按照这一贸易清单，印度政府允许通过乃堆拉山口向中国出口的商品有：农具、毯子、重器、布料、自行车、咖啡、大麦、米、面粉、蔬菜、蔗糖、烟草、调味品等；允许自中国进口的商品有：山羊皮、绵羊皮、羊毛、牦牛尾、牦牛毛、陶土、硼砂、黄油、山羊绒、粗盐、马、山羊、绵羊等。陈旧和不符合当下实际的贸易清单，对经过亚东口岸的贸易活动造成严重制约，而这一制约因素的根源则在于尚未根本解决的中印边界问题。

（2）山南市的边界。山南市的地理区位优势十分明显，从拉萨到山南的泽当镇，距离不到 200 公里。经山南出境到印方铁路线和印度洋海岸的加尔各答港等大港的距离很短，沿途地形及地质条件也较好，交通建设的成本较低。但目前由于边界问题未解决，几十年来，印度在其一侧不断建设基础设施和进行移民、派兵，建立了所谓的"阿鲁纳恰尔邦"（藏南地区），所以这里没有口岸，无法开展边境小额贸易，只能进行边民互市贸易，因而边境口岸城镇化也未发展起来。

2. 国际负面政治力量

国际上有一部分人支持达赖集团的分裂活动，给西南边境地区的稳定发展带来很大的负面影响。随着中国经济迅速崛起，国际上的反华势力利用个别极端分子制造事端也成为西南边境贸易和口岸城镇化发展中一个潜在的不稳定因素。

从印度方面来看，印度国内政治力量角力可能会影响对华关系，并对西南边境的通道地位及对外贸易造成负面影响。

3. 国际政治和经济环境的不确定性

在国际政治方面，国际格局面临许多的不确定性，也会给中国与南亚、东南亚国家的关系，特别是中印关系带来一些不确定因素。

在国际经济方面，经济全球化作为一把"双刃剑"，一体化的深入给世界各国带来巨大经济利益、福利分享的同时，也使国际经济波动的影响深入全球每一个角落，使之共损共荣、相互影响。随着国际化的日益深入，西南民族地区边境口岸的经济发展无法独立于世界经济之外，必然会受到世界经济波动的影响。

（二）基础设施薄弱

西南各边境口岸的基础设施条件普遍落后，是制约口岸发展的不可忽视的因素。

一方面，边境口岸区域的交通条件总体落后。西南各口岸对内对外交通道路开通等级差、密度低，通行能力差，甚至不通公路，难以适应口岸城镇发展的要求，迫切需要加以改善。影响各口岸交通条件的突出因素，一是自然条件，特别是气候和地形地质条件，这直接决定了建设的难度和交通的保障程度；二是投入力度，这决定了建设的能力。目前对于海拔较高、大雪封山季节较长的贸易通道来说，道路制约尤为明显，每年贸易通道通行时间短，只能集中在气候较好的 5～10 月。夏季降水分布集中，不仅造成路面湿滑泥泞，还会因泥石流而中断交通。不仅如此，一些口岸还缺乏必要的道路条件，如日屋口岸贸易主通道车布达山口尚不通公路，普兰口岸对印通道强拉山口也未通公路，其贸易方式均以人背马驮的易货贸易为主。而在喜马拉雅山南麓的樟木、吉隆和亚东口岸，则高山峡谷多、建设用地缺乏、建设难度大，这在樟木口岸表现得十分突出。樟木口岸处于一个狭小的山谷地带，由于地势和气候条件作用，滑坡、泥石流和地震灾害频发。虽然经过治理后，樟木地表滑坡得到有效控制，发生大范围的地质滑坡的可能性不大，但是小范围内局部地区依然存在滑坡危险。特别是这里处在青藏高原和南亚大陆的断裂带上，一旦遭遇大地震，后果不堪设想。2015 年，"4·25"尼泊尔大地震就使樟木口岸严重受灾。同时，其建设空间严重不足，大部分建筑只能依山而建，不具备修建宽阔的多车道道路的条件，建设的技术难度也较大，因而其交通制约问题难以得到迅速解决，必须加大投入力度，尽快打通和改善主要交通通道。

另一方面，电力短缺。尽管西南民族地区边境口岸的水电资源丰富，但由于电力工业落后，电力供应也不充足。农业部门和其他产业部门、经济发展与人民生活用电、丰水期用电和枯水期用电等均存在一定矛盾，电力供给不足的问题仍未根本解决。目前樟木口岸、吉隆口岸尚未被纳入藏中电网供电范围，电力保障率低，电力供求矛盾突出，这些问题迫切需要得到解决。除交通和电力外，口岸城镇的市政设施建设也不完善，特别是排水设施、公共卫生设施、垃圾收集与处理设施普遍缺乏，城镇管理力度较为薄弱。口岸城镇的承载力、运行效率和人居环境受到较大影响。

（三）经济发展滞后

经济层面问题是指从不同角度影响西南地区边境口岸城镇贸易发展的经济方面的问题。这包括西南地区贸易发展的宏观经济环境问题、自身可贸易产品即自产产品对外贸易的支撑能力问题、区外产品贸易中的产品质量问题、边境贸易中存在的顺差问题，以及造成顺差的边境贸易政策问题。需要说明的是，把顺差问题放在最后论述，绝不意味这一问题不重要。从某种意义上它甚至可以说是进一步发展边境贸易的前提条件，因为面对一个购买力偏低的市场，贸易是无法得到充分发展的。

1. 宏观经济环境的影响

自 1996 年内需不足问题逐渐显现以来，我国宏观经济结构调整的问题就日渐突出。内需不足的核心是消费需求不足。2016 年，在按支出法计算的 GDP 中我国的居民消费支出只占 36%，其中大部分为城镇居民消费支出。而与此同时，资本形成占 GDP 的比重高达 48%，如果再加上占 GDP 2% 的货物和服务净出口，我国的储蓄率高达 50%。

内需不足和储蓄与消费比例失衡的重要表现就是外贸依存度和贸易顺差过大。这不仅容易加剧国际经济摩擦，而且也易造成我国的宏观经济效益下降，经济运行风险加大。因此，如何扭转这种失衡的局面已成为保持我国经济健康发展的关键。为此，中共中央自十六届三中全会以来，就把扩大内需特别是消费需求作为政策的着力点，并提出要统筹国内发展与对外开放的关系。党的十七大进一步提出要转变经济发展方式，其中的要点之一就是发挥内需对经济增长的拉动作用，采取综合措施促进国际收支基本平衡。因此，总体来看，西南民族地区边境口岸下一步发展所应坚持的宏观经济和政策方针是扩大内需，这对西南民族地区边境口岸对外贸易的发展来说无疑是一个挑战。西南民族地区边境口岸发展与内地的贸易和扩大对内地的商品与劳务输出，具有与出口同等重要的意义。它们同样可以拉动经济增长，而且随着与内地交接的铁路的建设和开通，与内地的交往将更加便捷，西南民族地区边境口岸的一些特色产品在内地将会有更为广阔的市场。因此，如何处理对外贸易与对内地贸易的关系就成了摆在西南边境口岸城镇化发展战略面前的一个重要课题。

2. 西南民族地区边境口岸特色产业薄弱

近些年来，虽然西南民族地区边境口岸的特色产业在国家政策支持下得到培育和发展，但工业化仍处偏低水平，现代工业很不发达，在产业发展和结构演进中处于相对落后阶段。第三产业发展迅速，但其在产业结构中的高比重与内部结构不协调，其发展多源于政策和投资的强力拉动，特别是中央财政的直接补贴。产业发展的约束在西南民族地区边境口岸的对外贸易产品结构中表现十分突出。由于产业发展相对落后，尽管过去几年西南民族地区边境口岸自产产品出口额及其占出口总额的份额都在稳定增加，但自产产品仍然不是西南民族地区边境口岸出口的主力产品。西南民族地区边境口岸的产品出口从 2000 年的 410 万美元增加到 2017 年的 5151 万美元，增加了十几倍，在外贸出口中所占份额也增加了 3 倍多，但自产产品也只占外贸出口的 1/5。

要使出口真正获得较大发展，特别是使对外贸易发展能够惠及西南民族地区边境口岸城镇发展，对提高当地人民生活水平做出贡献，就必须在发展贸易过程中主动提升自产产品比例，而这主要依靠自身产业结构的调整和出口产业基地的培育。

西南地区边境口岸城镇发展的基础和条件也决定了在今后较长时期内，区外产品贸易规模比自产产品贸易规模大，对西南地区边境口岸发展的影响力也更强。尽管西南地区边境口岸有丰富的待开发资源，但同时西南民族地区边境口岸也是我国的生态安全屏障，一切活动必须以保护生态环境为先。另外，西南地区边境口岸的自然条件也决定了其不适宜大规模地发展工业。因此，这些因素将制约西南地区边境口岸贸易的发展。从长远来看，可贸易产品的可能规模将成为西南边境口岸城镇化发展战略必须面对的一个基本问题。从现实来看，应继续坚持将区外产品贸易作为西南地区边境口岸发展的重点，增强各边境口岸在相关服务方面的功能。依靠国内大规模生产的能力，西南边境口岸城镇化将获得发展的条件和源泉。

3. 口岸贸易中市场规制不足

如上所述，在自身可贸易产品不足的情况下，为了发展对外贸易，可能的选择就是发展区外产品贸易。许多缺少贸易资源的地区和国家都有发达的对外贸易，原因就是它们选择了区外产品贸易方式，如中国香港和新加坡。而且它们都有非常完善和出色的市场规制体系，因为只有这样才能保证产品的质量，减少可能带来的贸易纠纷，最终达到降低贸易成本的目的。

目前在西南边境贸易市场的情况是不少产品的质量令人担忧。把换代产品用于与经济落后地区的贸易，这本身无可非议，但换代产品不等于伪劣产品。在国际贸易中，产品质量问题不仅会影响贸易对象国消费者的利益，还会影响到销售国的形象、信誉和未来的市场占有率。在这方面，20世纪90年代我国在与俄罗斯的边境贸易中曾有过深刻的教训。因此，不能认为市场经济就是自由经济，恰恰相反，随着市场经济的发展，对外贸易需要更为严格的法律作为保障。因此，在西南地区边境口岸城镇对外贸易发展中一定要高度重视市场秩序的建立和政府监管责任的问题。

4. 贸易失衡与边贸政策的影响

大部分数据表明，1998～2017年中国与南亚、东南亚地区的边境贸易几乎一直呈现贸易顺差。造成顺差的原因是中国制造业较发达，可输出商品规模巨大。而且由于南亚和东南亚国家的购买力相对偏低，其大量输入商品为普通日用品，如中低档服装鞋帽、纺织品、箱包、电子产品等。近年来进入南亚和东南亚地区的中国商品增加，这也是西南地区边境口岸贸易顺差快速增加的原因之一。此外，由于国家对西南地区边境口岸边境贸易采取鼓励支持政策，许多内地企业偏向从西南地区边境口岸进入南亚和东南亚市场。

大量的顺差会造成贸易国之间的经济摩擦，甚至影响我国的国际形象。所以必须重视目前出现的边境贸易顺差问题，并积极加以解决。中国幅员辽阔且国内市场广阔，而南亚和东南亚国家经济腹地面积小，可贸易产品规模小，西南地区边境口岸可以依托广大内地市场，积极发展区外产品出口。为实现贸易平衡，应研究具有可操作性的调整措施，如鼓励对南亚和东南亚地区的出境游，支持进口南亚和东南亚国家具有比较优势的产品如农产品、手工艺品等，支持南亚和东南亚国家发展与中国的贸易等。

二　西南边境口岸城镇化发展问题成因

要推进西南边境口岸城镇化发展，首先必须扫除西南地区边境口岸城镇化发展中存在的制度性障碍。当前，就全国范围而言，户籍制度、土地制度、教育制度、就业制度和社会保障制度等是限制边境口岸城镇化发展的政策和制度性上的主要因素。正是户籍、就业、土地、教育等制度障碍的存在制约了城乡要素和商品的自由流动，由此制约了边境口岸城镇化的发展。就西南地区边境口岸城镇化发展而言，除了受这些制度影响外，其本身的市场化改革相对滞后也是其重要影响因素。

（一）制度僵硬制约边境口岸城镇化发展

改革开放以来，我国的市场化改革是渐进式的，由此导致市场化程度存在空间分布差异。边境口岸城镇化发展相对滞后，同西南地区市场化改革总体相对滞后密切相关。边境口岸城镇化起步比较晚、发展比较慢，但其又必须面对与其他地区相同的竞争条件。因此，高物价下的西南地区的城镇化，需要付出更大的成本和代价。城镇化不单是要进行大规模的城市建设，还要转移大量的农村人口，以现在的物价、房价，安置人口的成本在大幅度地上涨，因此，城镇化必须要在足够的资金基础上进行。在口岸城镇建设中，据有关部门测算，包括基础设施、公共设施、服务设施等在内的口岸城镇建设，每平方公里的投入至少需要 2.5 亿元。以现在的物价看来，成本应该超过这个金额，这对多数边境县、市来说，都是很难一步做到位的。

1.城乡分割体制的制约

我国长期以来实行的是城乡分割的管理体制。尽管在 20 世纪 90 年代，我国进行了城镇户籍管理体制的改革，具体表现在城市用工的条件有所改变，大量的农村剩余劳动力转移到了城市。这导致了我国农村大量剩余劳动力由农村向城市转移的困难，也是我国产业产值结构和就业结构之间存在较大偏差的主要原因。城乡分割的管理体制已经成为制约我国农村劳动力转移，以及实施城镇化过程中劳动力市场发展的主要障碍。具体到西南地区，城乡分割的管理体制对边境市场发展的影响体现在以下三个方面。

第一，户籍管理制度制约边境口岸城镇化发展。近年来，随着西部大开发战略的推进，西南地区社会经济发展取得了显著的成效，西南地区的城镇化进程也取得了明显的发展。西南地区农村劳动力向城市流动的数量显著增加，同时农村劳动力向城市流动的方式也明显改变，即由过去以个人的候鸟式流动为主转变为以家庭式迁移流动为主。由于农村劳动力大量向城市流动，这些人口的子女也向城市流动。但是现有义务教育主要是按照学生户籍来安排，这导致大量进城务工的农民工子女无法同城市同龄人一样享受同等城市学校的义务教育。这种情况使得不少农民工不得不将其子女留在农村，由此形成了规模巨大的留守儿童群体。目前我国西南地区农村的教育设施、师资水平总体仍然相对滞后，由此导致大量的留守儿童只能接受相对低水平的基础教育。可见由于户籍制度形成的二元社会结构已经进一步导致了义务教育的二元性，成了制约西南地区人口流动的重要因素，制约了西南地区城乡边境口岸城镇化的发展，也成了西南地区边境口岸城镇化发展的主要隐患。

第二，有差别的就业制度制约西南地区边境口岸城镇化发展。近年来，我国西南地区劳动力市场建设取得了一定的成效，主要表现为劳动合同制、双向选择的劳动用工制度正逐步形成，同时多元化的就业格局也在形成过程中。但是由于受我国长期推行的户籍制度的影响，西南地区剩余劳动力进城仍比较困难。特别是由于历史的原因，我国较多的国有企业集聚在东部地区，伴随着国有企业改革的深入，部分国有企业职工面临再就业的问题，所以西南地区不仅面临农村剩余劳动力进城务工的问题，还面临解决下岗职工再就业的问题。因此让哪部分人优先就业是西南地区政府需要解决的问题。由于再就业是考核地方政府的一项重要指标，而且考虑到社会稳定，政府通常会优先关注下岗职工的再就业，并对他们进行再就业培训。但是大量从农村转移出来的劳动力却很难享受到同等的待遇，这必然导致西南地区农村劳动力转移的困难，制约西南地区城镇劳动力市场发展，进而影响西南地区边境口岸城镇化的发展。

第三，城乡分割的社会保障制度制约西南地区边境口岸城镇化发展。我国面临由户籍制度导致的城乡劳动力市场分割的困境，同时，当前城乡分割的社会保障制度也是我国城乡劳动力市场分割的主要影响因素。二元的社会保障制度，导致进城务工农民与城市劳动力在社会保障上存在一定的差距。当前，我国西南地区的社会保障体系经过多年的建设，已经形成了比较完整的框架。目前西南地区的社会保障体系主要覆盖的对象是城市劳动力，进城的农民工在工资保障、失业保障、医疗住房、养老保障、工伤保障等各方面都同城市劳动力存在一定的差别，特别是进城的农民工存在缺失大病医疗保险和工伤保险的情况。导致进城的农民工缺失社会保障的原因是多方面的。第一，目前确保进城农民工享有社会保障的法律体系仍不健全，同时各级政府仍没有足够重视进城农民工的社会保障问题。第二，目前我国进城农民工的地位仍处于边缘位置。第三，思想观念的滞后阻碍了对进城农民工社会保障制度问题的解决。农村劳动力向城镇的转移是西南地区实现劳动力市场发展的基本前提，而要实现这一转移的关键是完善对进城务工的农村劳动力的社会保障。如果没有相对完善的社会保障，进城农民工就无法真正融入城市的就业岗位中，更不可能享受同城市劳动力一样的待遇。

综上所述，当前我国实施的户籍制度、社会保障制度、就业制度等一系列制度已经成为影响劳动力在城乡间合理流动的主要因素，同时也已经成为影响西南地区劳动力发展、形成边境城镇劳动力市场发展新格局的主要因素。

2. 土地流转租种制度的制约

土地是农民基本的生产要素，土地制度也将影响边境口岸城镇化发展，这主要是因为土地制度会影响资本积聚、人口集聚。边境口岸城镇化发展必然要求实现城乡之间的土地重新优化配置。如果土地配置不合理，城乡之间就无法形成土地要素的优化配置，显然边境口岸城镇化是无法推进的。目前，我国西南地区土地制度总体仍存在缺陷，这也成为阻碍西南地区边境口岸城镇化发展的重要因素。西南地区土地制度存在的问题主要体现在以下几个方面。

第一，集体土地转让问题。当前我国农村实行的是土地集体所有制，这种土地制度导致土地在流转过程中存在一些问题。一方面，土地流转后失地农民的利益容易得不到有效的保障。目前我国土地流转过程一般是地方政府先从农民手中将土地征集为国有，再由政府负责土地的出让。在这一过程中，政府可以获得土地出让金的大部分，但是农民只能获得较少的部分。另一方面，集体土地流转也损害了边境口岸城镇化发展过程中其他主体的利益。在集体土地流转过程中，地方政府在将集体土地征用后，为了获取最大的经济效益，往往会提高土地的转让金，由此导致土地的使用者用比较高的价格来获取土地，这进一步导致农民进城后必须支付比较高的价格来购买房屋，使得农民进城困难，使得农村人口转移速度落后于土地流转速度，严重阻碍了边境口岸城镇化的发展进程。事实上，近年来随着西南地区经济的快速发展，西南地区的城镇化发展成效显著，西南地区农村土地被征用的面积呈现上升的态势，失去土地的农民数量急剧上升。但是在这一过程中由于对农民失地的补偿机制不健全，加之地方政府支付给失地农民的补偿款金额较低，导致失去土地的农民并没有从非农化中获得最大收益，进而导致西南地区农村的非农化、城镇化受阻。

第二，土地流转问题。农村土地的流转与农业人口的流动之间存在很强的互动关系。完善的农村土地流转制度能够促进农村剩余劳动力向城市迁移，有助于打破城乡二元经济结构，实现城乡经济社会一体化的协调发展。近年来，随着西南地区城镇化的发展，农村剩余劳动力向城市转移的数量大大增加，由此西南地区出现了较多的"空心村"，村中青壮年劳动力都已外出务工，村中只剩下儿童、妇女、老人。与此同时，西南地区农村剩余劳动力在转移过程中也呈现家庭式迁移的特点。

在这种新的历史背景下，如何整合农村土地资源，加快土地流转的步伐，更好地发挥土地效益，已经成为亟须解决的问题。虽然国务院出台了关于承包土地流转的政策，提出了土地流转的原则性要求，如土地流转应遵循依法、自愿、有偿的原则等，但农地经营利润较低，因此租金收入对迁移农户来讲吸引力不大，农户认为迁移存在一定风险，不愿意将土地长时间转租他人。另外，承租者因为租用土地期限较短，不愿做长期投资，势必造成土地的低效开发。转让和承租两个方面的短视行为，导致农业生产方式难以转变，生产要素难以集聚，规模效益难以发挥，农业生产效益难以提高。同时，农村土地产权制度改革滞后，农民仅仅拥有土地的经营权。在大多数情况下，这种经营权在金融机构仍然没有抵押、担保的效用，农民进城依靠土地很难获得资金积累。因此，赋予农民土地产权，并实现土地产权的资本化，已成为为进城农民工提供非农化资金积累和土地流转的关键。

3. 城乡商品市场贸易壁垒的制约

西南地区边境口岸城镇化发展受限的主要原因是市场主体身份的缺失和"剪刀差"，以及制度偏好等形成了城乡商品市场贸易壁垒。

一是市场主体身份缺失。当前，我国农村商品交易市场的主体主要有三类。①农户。随着我国家庭联产承包责任制的推行，农户已经成为我国农村商品交易市场上的独立主体，但是由于农户对土地只有使用权，没有所有权，因此农户的土地利益无法得到完全的保障，这也增加了农户直接面对商品交易市场的风险。②乡镇企业。伴随着我国改革开放的深入，乡镇企业也已经成为我国商品交易市场的独立主体。③农村基层社区组织。农村基层社区组织是一个特殊的利益群体，有着独立的自身利益需求，可以看作一个特殊的农村市场主体。

改革开放以来，我国西南边境地区商品市场得到了较快的发展。但是农产品的商品率仍不高，农民自给性消费所占的比重却依然较高，甚至在一些相对落后的西南地区农村几乎没有市场交换行为。虽然我国西南地区农村农户数量比较多，但是种种原因导致这些农户缺乏成为市场主体的要素，由此他们尚未成为严格意义上的市场主体。西南地区农户与作为市场交易主体的城市居民存在显著的差别。这导致在西南地区城乡商品市场发展的过程中，缺失市场主体身份的农户不得不依靠国家或其他中介组织进行市场交易。这既增加了贸易的层级，又增加了贸易成本，导致西南地区边境商品市场间的贸易壁垒提高。

二是边境市场商贸流通业态存在差距。西南地区边境贸易网络建设滞后，长期以来，西南地区市场主要集中在城市。目前西南地区城市不仅有各种农贸市场，还有商场、超市，以及其他生产要素市场，但是与西南地区城市相比，西南地区农村市场种类单一，体系不完整。目前，西南地区农村就商品市场的数量而言，要多于城市。但是西南地区农村市场总体规模比较小，同时层次比较低，以摊位市场为主，还处于商品市场的初级形态。在 2008 年底，尽管西南地区城乡拥有消费品市场86454 个，其中城市 26699 个，农村 59755 个，农村比城市多 33056 个，但是从交易额来看，西南地区农村市场交易额远低于城市市场交易额，2008 年西南地区城市交易额为 14319.7 亿元，而农村交易额仅为6629.6 亿元。同时，西南地区农村商品流通网络大多按行政区划形成，而不是按经济区划形成，其网络主要结构表现为：县城—乡镇—村宅。由于西南地区农村市场网络建设的落后，西南地区农村居民供给与需求存在脱节，大大限制了西南地区农村居民的消费。这一情况到目前为止，改善效果有限。

西南地区农村市场业态结构不合理，产业组织化程度不高。目前西南地区农村市场的主流业态是传统百货商店，市场提供的商品种类以日用品为主，存在市场定位趋同的特点。物资、供销、商业等流通企业的销售网络明显萎缩；个体工商户虽然活跃，但在经营、运输、仓储设施等方面存在较大的局限性；连锁经营企业虽然有所发展，涉及行业也较多，但是总体规模不大，门面不多，网络体系不够健全，物流配送相应滞后。事实上，当前西南地区农村市场连锁经营交易的数量总体偏低，连锁经营的交易额占总交易额的比重不足 10%，90% 以上农村日用消费品的交易仍通过传统的方式和渠道完成。同时，西南地区农村商贸流动的信息化建设更是落后，市场应用电子商务技术的比重偏低。

三是制度偏好明显。当前，我国城乡制度安排仍存在较为明显的城市偏向，城市偏向的制度安排导致城乡商品市场的贸易壁垒不断提高，从而阻碍了边境商品市场的发展，具体体现在以下三个方面。第一，扭曲农产品交换的相对价格和关系。近年来，尽管农产品价格提高较快，但仍存在农产品流通环节垄断、农业生产要素价格相对农产品价格明显偏高等问题，不利于农民进行贸易。第二，西南地区城市商品市场和农村商品市场缺乏关联机制。城乡商品市场是城乡经济中不可或缺的部分，但是西南地区目前城乡商品市场之间的联系渠道比较少。同时，城市商品市场和农村商品市场的联系主要建立在城市商品市场对农村商品市场的"极化效应"基础上，表现为农村商品市场的优秀人才、资金和企业向城市商品市场流动。目前，尽管西南地区的连锁超市有了一定发展，但是由于连锁超市的数量少，规模也不大，其对西南地区农村商品市场并没有产生实质性的影响。第三，城市偏向投资政策。目前我国政府投资仍偏向城市，形成了工农业之间、城乡之间的不同发展机会的现象，给边境商品市场发展带来了阻碍。

（二）产业结构转换缓慢制约西南地区边境口岸城镇化发展

从国内发展的经验来看，一个地区的产业发展，特别是产业结构的转换对边境口岸城镇化发展具有重要的影响。这主要是因为非农产业的发展一方面会形成集聚效应，可以提供更多的就业岗位，从而可以吸引农村剩余劳动力向产业集聚区转移。这将进一步提高农民的收入水平，促进消费需求的增长，进一步扩大生产规模，带动相关产业的发展。这一系列的联动过程对边境口岸城镇化发展具有重要的促进作用。另外，非农产业的集聚发展也将促进城乡基础设施、社会环境的发展，为边境口岸城镇化发展奠定基础。西南地区长期以来工业发展水平相对落后，特别是产业结构转换缓慢阻碍了西南地区边境口岸城镇化发展。

1. 西南地区产业结构转换相对缓慢

改革开放之初，我国各地区的第三产业比重基本相同，均在 20%

左右。但是西南地区第一产业比重比东部和东北部地区高 15 个百分点左右，相应地，东部和东北部地区第二产业比重要比西南地区高 15 个百分点左右。1978 ~ 2000 年，四大地区总的产业结构都呈现第一、第二产业比重不断降低而第三产业比重不断提高的趋势，东部地区、东北地区、中部地区、西南地区的第三产业比重分别提高了 21.3、21.6、20.0 和 19.9 个百分点。2000 年以后，各地区的第三产业比重增长态势基本保持稳定，其中西南地区略有降低。从第二产业比重的变化看，1978 ~ 2000 年，各地区第二产业比重都有所下降，分别下降 19.0、14.7、2.0 和 4.4 个百分点。这主要是由于改革开放之初，我国实行重视工业的发展战略，工业比重超出了经济发展的一般情况，而第三产业非常不发达；改革开放以后，这种由国家发展战略造成的不均衡得到了很大程度的缓解和改善。

截至 2008 年，我国各地区产业结构转化差异明显，西南地区非农业产业产值比重为 92% 左右，而东部地区的非农产业产值比重达到了 96%，西南地区非农产业发展相对滞后。从各地区三次产业变化情况来看，改革开放之初，东部地区就是我国经济较为发达的地区，特别是北京、天津、上海三个直辖市都位于东部地区，1978 年这三大城市的第一产业比重分别为 5.2%、6.1% 和 4.0%，但总体上改革开放之初的发展水平较低，第三产业比重都在 25% 以下。到 2000 年，已经有北京、上海和海南三个地区的第三产业比重超过了第二产业比重。到 2008 年，除北京和海南的第二产业比重小于 30% 以外，其余地区的第二产业比重都在 50% 以上，特别是天津的第二产业比重高达 60.1%。东北地区是我国老工业基地，改革开放之初第二产业较为发达。1978 年辽宁、吉林和黑龙江的第一产业比重分别为 71.1%、52.4% 和 61.0%，但第三产业比重范围为 14.8% ~ 18.3%，低于同期全国平均水平。1978 ~ 2000 年东北三省的三次产业结构呈现第一、第二产业比重持续下降而第三产业持续上升的特点，但在 2000 年前后，辽宁和吉林的第三产业比重有所降低，不过黑龙江的第三产业比重仍然有所提高。1991 ~ 2000 年在中部各省中，除河南第二产业比重从 35.5% 提高到 45.4% 以外，其他地区第二产业比重变化较小。2000 年以后，中部各省（区、市）最显著的特点是第二产业比重显著上升，这与在此期间中部地区加快发展，以及部分产业开始由东部向中部地区转移有关。

西南地区各地的情况也有较大差别。改革开放之初，各地三次产业结构的差别很大，例如从第一产业看，西藏的比重高达 50.7%，而广西、四川、贵州、云南的第一产业比重在 40% 以上。1978~2000 年各省（区、市）第三产业比重都有显著增加，大部分地区第二产业比重有所下降，也有一些地方第二产业比重反而有所提高，如广西从 34.0% 提高到 35.2%，四川从 35.5% 提高到了 36.5%。2000 年以后，除贵州、云南和西藏外，西南其余各省（区、市）的第三产业比重都有所降低。

由于各地区改革开放之初的发展水平不同、发展速度不同，受资源禀赋和地理位置等多种因素的影响，目前我国各地区之间在三次产业结构上有很大差别。除北京、上海、西藏等少数地区以外，各地区的第三产业比重差别不大，都在 38% 左右。但第一产业和第二产业比重差别较大。东部地区除北京和海南以外，工业比重相对较高（平均为48.5%）；东北地区的工业比重次之（平均为 44.4%）；中、西南地区（不含西藏）工业比重分别为 41.5% 和 38.7%。从各地区产业结构变化来看，西南地区相对东部地区而言，非农产业发展相对缓慢。

2. 西南地区制造业发展相对缓慢

西南地区不仅工业化发展相对缓慢，非农产业比重较低，同时，制造业发展也相对缓慢。制造业水平有待提高，产业价值链有待延伸等突出问题，严重制约了产业对劳动等要素集聚功能的发挥和西南地区边境口岸城镇化发展。2008 年西南地区采掘业工业增加值为 3842.33 亿元，占西南地区工业增加值的 22.6%，高于全国 12% 的水平；资源性产业工业增加值为 4020.92 亿元，占西南地区工业增加值的 23.6%，高于全国 20% 的水平；电力、煤气、水生产与供应业工业增加值为 1883.06 亿元，占西部地区工业增加值的 11.1%，高于全国 8% 的水平。这三个产业的区位商分别为 1.89、1.15 和 1.42，都大于 1，表明西南地区的这三个产业具有优势。2007 年西南地区在低、中、高技术产业中工业增加值的总和为 7269.32 亿元，占西南地区工业增加值总和的 42.7%，远低于全国 59.8% 的水平。同时，西南地区在这三个产业的区位商（分别为 0.33、0.89 和 0.49）均小于 1，表明西南地区的低、中、高技术制造业都不具有优势。

从西南地区各省（区、市）工业结构来看，西南各地区工业结构同西南地区总体工业结构基本吻合，但是不同地方有一定差别。贵州的优势产业为电力、煤气、水生产与供应业，2007 年贵州电力、煤气、水生产与供应业实现增加值占全省工业增加值的比重达到 23%，远高于全国 8% 的水平。广西和云南的主要优势产业是资源性产业，2007 年两省（区）资源性产业实现增加值占全省工业增加值的比重分别达到 32% 和 47%，远高于全国 20% 的水平。重庆的优势产业主要是中技术产业，2007 年重庆中技术产业实现增加值占全市增加值的比重达到 56%，远高于全国 38% 的水平。四川同全国相比并没有显示出特别优势的产业部门，六大类型产业实现增加值占全省工业增加值的比重同全国水平基本相当。

从细分行业来看，西南地区具有比较优势的产业主要是采掘业和资源依赖性产业。2008 年西南地区竞争优势处于前 10 位的产业分别是，有色金属采选（区位商 2.58）、烟草制品业（区位商 2.20）、饮料制造业（区位商 2.09）、石油天然气开采（区位商 2.02）、有色金属冶炼及压延加工业（区位商 1.92）、煤炭（区位商 1.75）、电力、煤气、水生产与供应业（区位商 1.42）、非金属采选（区位商 1.36）、医药制造业（区位商 1.29）、黑色金属采选（区位商 1.28）。西南地区这 10 个产业 2007 年的工业增加值总和为 8888.6 亿元，占工业总产值的比重为 52.2%，远高于全国 29.5% 的水平。

具体看西南地区各省（区、市）优势产业，广西优势产业主要是农副食品加工业（区位商 3.29）、有色金属采选（区位商 3.13）木材加工及木、竹、藤（区位商 3.12）等；重庆优势产业主要是交通运输设备制造业（区位商 5.14）、工艺品及其他制造业（区位商 2.08）、医药制造业（区位商 1.70）等；四川优势产业主要是农副食品加工业（区位商 1.71）、医药制造业（区位商 1.69）；贵州优势产业主要是烟草制品业（区位商 4.52）、电力、煤气、水生产与供应业（区位商 2.98）；云南的主要优势产业是烟草制品业（区位商 14.69）、有色金属采选（区位商 4.72）、有色金属冶炼及压延加工业（区位商 3.68）；西藏主要优势产业是有色金属采选（区位商 26.44）、黑色金属采选（区位商 16.51）、医药制造业（区位商 8.46）。

（三）城市化发展不足制约西南地区边境口岸城镇化发展

边境口岸城镇化发展关键是要促进要素在边境之间流动。城市的发展，特别是城市群的发展有助于形成要素集聚中心，促进要素的流动，因此，城市化的发展在促进边境口岸城镇化发展过程中具有重要的意义。西南地区城市化发展缓慢对西南地区边境口岸城镇化发展带来制约，西南地区城市化发展缓慢体现在以下两个方面。

1. 西南地区城市化率相对较低

由于我国地域辽阔，各地区经济发展水平和城市化发展水平差别明显。改革开放之初，我国大部分地区城市化率很低，仅在 15% 左右，但 3 个直辖市由于本身就是城市，所以城市化率较高，1980 年已经超过 50%。北京、天津和上海城市化率分别为 55.4%、51.6% 和 57.7%。东北地区由于工业基础较好，城市化水平也较高，辽宁、吉林和黑龙江的城市化率分别为 33.5%、29.6% 和 31.8%。

1980～1990 年，我国各地区城市化都有相当程度的发展，其中东部地区平均提高了 12.9 个百分点，东北地区平均提高了 12.2 个百分点，中部地区平均提高了 10.5 个百分点，西南地区仅提高了 8.2 个百分点，明显低于其他地区。

1991～2000 年，各类劳动力从农村向城市转移的限制开始减少，人口较多的中部地区出现大量的人口转移（开始时多数是本地转移），所以中部地区城市化水平提高较快。在此期间，中部 6 省（区、市）城市化率平均提高了 10.1 个百分点，仍然比东部地区低 12.3 个百分点，但比东北地区和西南地区高 6.9 和 5.5 个百分点。

2000 年至今，东部地区的城市化发展速度仍然最快，除 3 个直辖市以外的其他地区城市化率都有不同程度的提高，最高的江苏和浙江分别提高了 18.2 和 19 个百分点。中部地区城市化速度也较快，平均提高了 10 个百分点。西南地区城市化发展速度比 1991～2000 年要快，平均提高了 8 个百分点。但是相对东部地区和中部地区而言，西南地区城市化发展速度仍相对较慢。

2. 西南地区城市群发展相对缓慢

习近平在中国共产党第十九次全国代表大会上提出："以城市群为主体构建大中小城市和小城镇协调发展的城镇格局，加快农业转移人口市民化。以疏解北京非首都功能为"牛鼻子"推动京津冀协同发展，高起点规划、高标准建设雄安新区。以共抓大保护、不搞大开发为导向推动长江经济带发展。支持资源型地区经济转型发展。"2021 年，《中华人民共和国国民经济和社会发展第十四个五年规划和 2035 年远景目标纲要》明确提出："坚持走中国特色新型城镇化道路，深入推进以人为核心的新型城镇化战略，以城市群、都市圈为依托促进大中小城市和小城镇协调联动、特色化发展，使更多人民群众享有更高品质的城市生活。""发展壮大城市群和都市圈，分类引导大中小城市发展方向和建设重点，形成疏密有致、分工协作、功能完善的城镇化空间格局。"综上可知，发展城市群已经成为党和国家的重大决策。

城市群从类型上来看，可以根据其发展状态和成熟程度将城市群分为成熟、半成熟、成长中、正在形成中、尚未形成等类型。目前，我国成熟城市群主要有辽中城市群、京津冀城市群、长三角城市群和珠三角城市群等 4 个；半成熟的城市群主要有吉中城市群、鲁北城市群、鲁东城市群、宁绍舟城市群、海峡西岸城市群、粤东城市群、中原城市群、武汉城市群、长株潭城市群、关中城市群和成渝城市群等 11 个；其他类型的城市群共 59 个。

从各类城市群的空间分布来看，东部地带城市群有 26 个，而这 26 个城市群中成熟的城市群有 4 个，可见我国成熟的城市群主要分布在我国东部地区。26 个城市群中有 6 个半成熟城市群，其他类型的城市群共有 16 个。中部地带城市群共有 36 个，这 36 个城市群中没有成熟的城市群，半成熟的城市群有 5 个，其余的都是尚在成长中或尚未形成的城市群。西南地带城市群有 12 个，均为成长中的或尚未形成的城市群。

（四）基础设施薄弱制约西南地区边境口岸城镇化发展

基础设施对边境口岸城镇化发展的制约主要体现在基础设施薄弱会限制生产要素的流动和边境互动，具体体现在以下两个方面。

第一，基础设施数量和质量落后制约了西南地区边境生产要素流动。1985～2008 年，我国各省（区、市）的基础设施明显得到改善，公路密度有了较大幅度的提高。但是不同地区之间的差距比较明显，西南地区公路密度处于偏低的水平，2008 年中部地区为 0.3564 公里/平方公里，西南地区为 0.1181 公里/平方公里，而东部地区公路密度为 0.5383 公里/平方公里。2018 年公路密度最高的是上海，达 1.3983 公里/平方公里，而公路密度最低的是西藏，为 0.0364 公里/平方公里。

第二，边境区域基础设施无法满足西南地区农村市场化要求。边境区域基础设施建设直接制约边境区域生产力的发展。我国长期的经济结构特点使得边境区域缺乏商业网点，售后服务也容易不到位，而绝大部分消费品的生产和完善的商业网络集中在城市，导致农民即使买了耐用消费品，由于服务跟不上，农民的消费需求还是会受到制约。同时，边境区域基础设施建设落后，特别是交通运输设施不发达，导致农产品销售较为困难，农产品的价值无法完全实现；通信设施建设缓慢导致农民无法获得及时准确的市场信息，农业和边境区域经济的商品化和市场化程度就无法得到提高。

　　近年来，尽管我国西南地区边境区域基础设施条件得到了较大的改善，但是总体仍处于比较落后的状态，甚至有些边境区域还处在一种相对与世隔绝的状态。由此导致西南边境区域商品的采购、运输、仓储成本较高，流通效益低下，制约了西南地区边境区域市场化的发展和西南地区边境口岸城镇化的发展。

第四章　西南边境口岸城镇化建设的条件分析

第一节　西南边境口岸的地理类型

一　广西边境口岸的地理类型及其特征

广西地处在我国大陆东、中、西三个地带的交点，是华南经济圈、西南经济圈与东盟经济圈的接合部，是西南乃至西北地区最便捷的出海通道，也是连接粤港澳与西南地区的重要通道。特别是在建立中国—东盟自由贸易区和推进泛珠三角区域合作中，广西将成为连接中国西南、华南、中南和东盟大市场的枢纽，并发挥重要战略作用。

首先，广西边境口岸有沿海优势。广西海岸线曲折，拥有大小港口21个，形成"天然港群海岸"，其中适合建设泊靠能力万吨以上的有防城、钦州、北海、珍珠、铁山等5个港口，预计最终开发潜力达年吞吐量2亿吨以上。广西沿海港口同时具有水深、避风、浪小等自然特点，距中国港澳地区和东南亚地区的港口都较近，其中北海港距中国香港港425海里，钦州港距新加坡港1338海里，防城港距越南海防港151海里，距泰国曼谷港1439海里。

其次，广西边境口岸有沿边优势。广西有8个县（市）与越南接壤，陆地边境线长达1020公里，现有边境口岸12个，其中东兴、凭祥、友谊关、水口、龙邦等5个口岸为国家一类口岸，另外还有25个边民互市贸易点,各边境口岸和边贸点都有公路相通。从凭祥市友谊关至越南谅山市仅 18 公里,至越南首都河内市 180 公里。湘桂铁路与越南铁路连接,火车可直达河内市。

再次,广西边境口岸有沿江优势。珠江水系的西江,河道纵横广西境内梧州、贵港等城市,西通云南、贵州,东经广州出海,河道运输能力仅次于中国第一大河长江。广西境内有年吞吐量万吨以上的内河港口77 个。西江下游的梧州市,是广西境内历史悠久的商埠,距香港、澳门 400 公里左右,梧州港为中国第六大内河港口。

最后,广西边境口岸有独特的区位优势,这使广西的通道作用日益显著。目前,以沿海港口为龙头,以南昆铁路为骨干,高等级公路、水运、航空和其他基础设施相配套的出海大通道框架已形成。铁路方面,湘桂、南昆、黔桂、焦柳等 4 条铁路贯穿广西,全区铁路营运里程超过 3000 公里。公路方面,重庆—湛江、衡阳—昆明、内蒙古—北海、汕尾—清水河等国家高速公路主干线以及南宁—广州、南宁—友谊关、桂林—梧州等高速公路纵横广西,高速公路通车里程突破 1000 公里。航运方面,拥有南宁、贵港、梧州等主要内河港口;防城、钦州、北海三大沿海港口年吞吐量 2000 多万吨。航空方面,已建成南宁、桂林、北海、柳州、梧州五大航空港,开通航线 100 多条。我国通过陆路进入越南,通往东南亚各国的主要公路通道有 3 条,其中广西有 2 条(距离最近)。一条是南宁经东兴、芒街至河内,全长 538 公里;另一条是南宁经凭祥、友谊关、谅山至河内,全长 419 公里。随着交通、口岸等通道设施的进一步完善,广西将成为沟通中国内地与东盟各国的最便捷、综合效益最佳的国际大通道,以及成为中国与东盟各国实施双向开放的桥梁和基地,以及中外客商兼顾中国内地与东盟两大市场的理想投资场所。

二 西藏边境口岸地理类型及其特征

西藏的地理位置优势。西藏与尼泊尔、不丹、印度、缅甸等地接壤,边境线长达 4000 多公里,已开放的边境口岸有樟木、普兰、吉隆、日屋、亚东等。其中,樟木、普兰、吉隆口岸为国家一类边境口岸。西藏充分利用自己独特的地缘优势,并借鉴兄弟省(区、市)的成功经验为自己所用,探索适合西藏对外贸易的发展模式,针对尼泊尔、不丹、印度、缅甸国民的需求,量身定制出口产品,同时也力争使这些国家成为西藏生产发展所需原材料的供应地。如位于西藏日喀则市聂拉木县樟木镇樟木沟底部的樟木口岸,在喜马拉雅山中段南坡,中尼友谊桥东、南、西面与尼泊尔接壤,为国家一级公路——中尼公路之咽喉,距拉萨 736 公里,距加德满都 120 公里,是中国和尼泊尔之间进行政治、经济、文化交流的主要通道,是中国通向南亚次大陆最大的开放口岸。樟木口岸面对尼泊尔中部地区,畅通的中尼公路带来了樟木边境贸易市场的发展和繁荣。地理上形成了从樟木口岸到日喀则、江孜、拉萨以至国内兄弟省(区、市)的连接。口岸交通方便,能源、通信等基础设施得到基本保障,海关、银行、工商、联检、公安等管理机构健全。距离尼泊尔首都加德满都只有 90 多公里,因而许多境外游客把这里作为他们入藏或出藏的大门。樟木境内有世界第十四高峰——希夏邦马峰,有茂密的原始森林、奇特的冰川和几十个大小湖泊,还有许多名胜古迹可供观光旅游。

西藏的边境贸易通道。地处我国西南边疆的西藏,在漫长的边境线上形成了多条边境贸易通道。自古以来,西藏就与印度、尼泊尔等周边国家和地区有着紧密的经济贸易和文化交往。《西藏自治区口岸总体规划》指出,将加快陆路边境口岸的建设以扩大南亚陆路贸易大通道的功能。西藏目前拥有樟木、吉隆、普兰、日屋和亚东 5 个陆路边境口岸,其中,国家一类口岸有樟木、吉隆和普兰口岸,国家二类口岸有日屋口岸。面向尼泊尔开放的陆路边境口岸有樟木、吉隆和日屋 3 个口岸,普兰口岸向印度和尼泊尔两国开放,亚东口岸则可以使中国同时与印度和不丹两国进行边境贸易。"4·25"尼泊尔地震前,樟木口岸是西藏规模最大、发挥效益和作用最好的口岸。2014 年,樟木口岸进出口总额为 20.67 亿美元。这些陆路边境口岸为西藏在"一带一路"倡议实施过程中创造了得天独厚的条件。

此外，青藏铁路的开通，为我国构建了一条直通南亚次大陆的陆上通道，使我国与南亚众多国家的经贸往来可以直接通过陆路实现。在不远的将来，云南—西藏、四川—西藏和新疆—西藏 3 条进藏铁路建成时，将极大地促进西藏陆上通道的发展，为"一带一路"倡议在西藏的实施创造条件。

三　云南边境口岸地理类型及其特征

云南省位于中国西南的边陲，全省面积 39 万平方公里，东西最大横距 864.9 公里，南北最大纵距 900 公里，北回归线从云南省南部横穿而过，国境线长达 4060 公里。与四川、贵州、广西和西藏相邻，与缅甸、老挝和越南接壤，并且与泰国、柬埔寨、孟加拉国、印度等国相距不远。在与邻国接壤的瑞丽、磨憨和河口地区还分别设有瑞丽姐告边境贸易区、磨憨经济开发区和河口边境经济合作区。

省会昆明是西部地区第四大城市，仅次于成都、重庆、西安，是东盟自由贸易区和大湄公河合作圈的交会点、昆曼国际公路的起点。随着孟中印缅经济走廊建设、泛亚区域合作和"一带一路"的建设，昆明更是成为中国面向东南亚、南亚和东盟开放的门户城市，也成为泛亚区域经济一体化的战略推进点。独特的地理位置，为云南发展边境贸易提供了极大便利。

第二节　西南边境口岸城镇化的发展基础

一　西南边境口岸城镇化建设的人口现状

西南地区是中国少数民族集中地区，民族自治地方的面积达 595.37 平方公里，占西南地区的 89.94%，占全国的 62.02%。西南民族地区经济的发展，对西南地区的开发和各民族共同繁荣的实现，都具有极其重要的意义。

（一）西南民族地区的人口总量特征
从西南民族地区人口的文化素质层面来看，在知识经济时代，人口文化素质的高低和高、中、初级人才的提供，将直接制约经济开发的效益与进程。过去西南民族地区人口的文化素质普遍不高，经过国家以及当地干部和群众的努力，到 2017 年西南各自治地方（区、州和县）人口的文化素质都有了明显的提高，具体表现为以下三个方面。一是平均受教育年限提高。2017 年全国平均受教育年限为 7.11 年。西南地区中超过和接近全国水平的有四川、重庆、广西，西藏相对较低（3.00 年），但比 1990 年提高了 1.19 年。二是成人文盲率普遍下降。2000 年至今，西南民族地区的成人文盲率普遍有所下降，下降幅度在 10 个百分点以上的有贵州、云南、西藏，下降幅度在 5 ~ 10 个百分点以上的有广西。三是每百人中拥有大专及以上、高中和中专学历人数有所提高。2000 年以来，每百人中拥有大专及以上学历的人数成倍提高，其中以广西提高 3 倍多最为突出；提高 1.5 倍以上的有重庆；提高倍数相对较低的西藏，也提高了 1.2 倍。到 2017 年，全国每百人中拥有大专及以上学历的人数提高到 3.61 人，而重庆、四川已高于此值；每百人中拥有大专及以上学历的人数在 3 人以上的为广西；每百人中拥有大专及以上人数相对较低的为西藏（1.26 人），但其与 2000 年的 0.57 人相比，也是成倍增长。

（二）西南民族地区人口的空间分布和城镇化水平

城镇化水平的高低，是社会、经济、文化进步程度的反映。2015 年，广西的城镇人口为 2257 万，占总人口比重 47.06%，云南的城镇人口为 2054.6 万，占总人口比重为 43.33%，相对较低的是西藏，城镇人口为 89.87 万，占总人口比重为 27.74%。具体见表 4 - 1。

表 4 - 1　2000 年、2015 年西南地区人口总量及其城乡分布

单位：万，%

	2015 年普查总人口	2000 年普查总人口	2015 年与 2000 年比较			2015 年城镇人口	2015 年城镇人口比重
			增加人数	增长率	年均增长率		
全国	137462	126583	10879	8.59	0.57	77116	56.1
广西	4796	4489	307	6.84	0.46	2257	47.06

续表

	2015年普查总人口	2000年普查总人口	2015年与2000年比较			2015年城镇人口	2015年城镇人口比重
			增加人数	增长率	年均增长率		
云南	4741.8	4288	453.8	10.58	0.71	2054.6	43.33
西藏	323.97	262	61.97	23.65	1.58	89.87	27.74
贵州	3529.5					1482.74	42.01
四川	8204					3912.5	47.69
青海	588.43					295.98	50.3

资料来源:《中华人民共和国 2016 年国民经济和社会发展统计公报》。

(三) 劳动力资源配置的产业格局

从就业与产业结构看,西南民族地区具有如下两个特征:一是第一产业的就业比重仍然很大,高达 63.5%,远高于全国 50% 的平均水平;二是第二产业和第三产业的就业比重分别为 11.1%、25.3%,均低于全国 21.4% 和 28.6% 的平均水平。

目前西南民族地区就业形势严峻,主要表现为以下六点。(1) 边境区域的农业劳动力总量过大,比重过高,转移空间狭小。农村劳动力的剩余程度会进一步提高,加上农产品价格指数的持续下降,农民人均收入下降,特别是以农业收入为主的贫困地区农民的收入将受到更严重的影响,这不利于经济增长和扩大就业。(2) 工业化进程中,经济结构调整和企业改革加快,失业、下岗职工的人数在不断增加。(3) 失业的严重性表现在四个方面:范围的广泛性、人员的普遍性、发生的不确定性和风险的连带性。这给该地区带来了经济、政治方面的压力和负面影响。(4) 不充分就业大量存在。(5) 失业率不断上升,就业矛盾将持续存在。(6) 就业压力大的地区也呈现地区发展缓慢的特点。

与巨大的就业压力极不相符的是,西南民族地区的市场就业机制还没有完全建立,劳动力市场安全网的功能不强。这对西南民族地区经济发展和社会稳定造成一定的影响。一是阻碍国有企业改革的推进。国有企业改革的继续推进要求企业释放富余人员,让这部分人员下岗或与企业解除劳动关系实现再就业。而复杂的就业形势使这部分富余人员再就业时遇到一定的困难，因此，他们很难与企业解除劳动关系，只能作为富余人员继续留在企业内部。由于富余人员无法从企业转移出去，致使企业的一些改革难以深入进行。二是影响社会稳定。市场化体制的改革和经济结构战略性调整，加剧了传统工业模式下的集约型劳动力析出。体制改革和结构调整正处于攻坚阶段，诸如企业减员与就业机会减少、收入差距拉大、劳动力流动不畅等问题不断集聚，就业压力较大，其中潜伏着一些社会矛盾和社会冲突的隐患。

二　西南边境口岸城镇化建设的自然资源基础

西南地区自然资源密集程度高，组合条件好，开发潜力大。其具有以下三个特点。一是自然资源极为丰富，资源储量规模大。西南地区土地总面积250万平方公里，占全国土地面积的26%以上。至少已发现矿种130种，有色金属约占全国储量的40%。45种主要矿产资源工业储量的潜在价值量接近东部与中部之和。天然气、富铜、富磷、钾盐等24种矿产资源保有储量占全国的50%以上，处于绝对优势。西南地区还具有比较丰富的森林资源、草地资源和珍稀的野生动植物资源，局部地区水资源也比较丰富。另外，西南地区还有众多历史名胜、名山大川、独特的风俗民情和地方文化，这些是极为宝贵的旅游资源。二是具有独特的资源优势。由于受特殊的地理、气候等复杂因素的影响，西南地区形成了一大批中部和东部地区所无法替代、仿造与迁移的独有资源。对这些独有资源进行加工而形成初级产品、中间产品以及最终产品的产业，就具备了西南地区特色经济的基本特征。因此，资源储量大的产业将是西南地区特色经济最为密集的产业。三是由于受社会、经济、技术、历史和自然条件等因素的制约，西南地区资源开发利用程度比较低，开发潜力大。

（一）农林资源丰富

西南地区有适宜开发为农用地的土地约5.9亿亩，占全国宜农用地的 54%，其中适宜开发为耕地的土地面积占全国耕地后备资源面积的80%。西南地区人均耕地、林地、牧草地分别是 2 亩、4.7 亩和 10.3 亩，分别是全国平均水平的 1.3 倍、1.7 倍和 3.1 倍。就各省（区、市）可利用土地的各种类型来看，同西南地区的人口比重相比，各类可利用土地占全国的比重均高，尤其是草场的比重。就各省（区、市）可利用土地的状况看，西南各省（区、市）可利用土地的面积比重大多位于全国的前列。第六次森林资源清查数据表明：西南地区林区总林业用地面积为 5819.78 万平方公里，林地面积为 3627.00 万平方公里，占林业用地面积的 62.23%，森林覆盖率达 36%。[①]

在西南地区中，西藏由于特殊的地理位置和自然条件，具有无可比拟且丰富的自然资源，如草原资源、耕地资源、植物资源、草药材资源、矿藏资源、太阳能、风能、水能、地热能资源等。其中，草原资源约有 8207 种，药材资源有 1000 多种，矿藏资源有 100 多种，野生植物资源有 9600 多种，有经济利用价值的达 1000 多种。因此，农牧业在西藏自治区经济发展中占有非常重要的地位。农牧业人口占全区人口的80%。全区耕地面积 36.05 万亩，其中有效灌溉面积 25.57 万亩，占70.9%。农业作物品种繁多，青稞和小麦是主要品种。此外还有水稻、玉米、大豆、高粱等粮食作物和花生、烟草、茶树、果树、核桃等经济作物以及大白菜、油菜、萝卜、西红柿、黄瓜等蔬菜作物。西藏是我国五大草原牧区之一，天然牧草地面积居全国之首，为 6479.68 万亩。牦牛是主要的家畜，此外还有黄牛、犏牛、绵羊、山羊、马、驴、骡、猪、鸡等。

云南省气候多样，有北热带、南亚热带、中亚热带、北亚热带、暖温带、中温带和高原气候等 7 个类型，兼具低纬气候、季风气候、高原气候的特点。多样化的自然环境与景观不仅使云南省形成了独特的生态文化旅游区，更为云南省带来了丰富的物产。

---

① 国政、聂华、臧润国、张云杰：《西南地区天然林保护工程生态效益评价》，《内蒙古农业大学学报》（自然科学版）2011 年第 2 期。

广西边境地区地处亚热带，日照充足，热量丰富，雨量充沛，加之山峰林立，常绿阔叶林分布及植被覆盖面广，为各种动植物提供了优越的环境。仅林木树种就有 268 种，丰富的林木植物资源可以为相关工业的进一步发展与升级提供必要的原料。

（二）矿产资源多样

西南地区矿产资源种类多、储量大，有色金属约占全国储量的 40%。例如四川，钒、钛储量分别占世界总量的 82% 和 33%；云南有色金属达 112 种，其中铅、锌、锗储量均为全国之首；贵州拥有 64 种矿产资源，其中汞、煤、铝、磷等 30 种矿物储量居全国前列。在全国重点规划部署的 19 个重要成矿（区）带中，西南地区有 4 个，即西南三江成矿带、冈底斯成矿带、班公湖——怒江成矿带和川滇黔相邻成矿区。其中，在全国 6 个重要成矿（区）带中，西南地区有 3 个，即西南三江成矿带、冈底斯成矿带和班公湖——怒江成矿带。

从矿产资源看，广西边境地区矿产资源十分丰富，种类繁多，储藏量大，以有色金属矿为最，是全国、全区重点有色金属矿产区之一。其中大型有色金属矿场有大新锰矿场、靖西湖润锰矿场、靖西新圩铝土矿场和宁明膨润土矿场。大新锰矿位于和越南交界的下雷镇，据地质普查，储量约 1.41 亿吨，已开采 20 多年，现仍有 1.4 亿吨。与越南交界的靖西湖润锰矿场储量达 3017 万吨，是我国未来锰矿基地之一。靖西铝土矿场位于该县的新圩、大甲、龙临、禄炯等乡镇。据地质普查，蕴藏量达 4.06 亿吨，远景储量在 6 亿吨以上，矿体平均厚度为 4.58 米，最厚达 8 米，属低硫高铁——小型优质铝土矿，目前尚未开发。宁明的膨润土矿是全国罕见的特大矿场，具有较高的开发价值。边境地区 8 县（市、区）有矿种 9 种以上，如宁明县矿种达 20 多种。

云南省素有"动物王国""植物王国""有色金属王国"的美誉，全国 162 种自然矿产中，云南就占 148 种，其中锡、铜、金、锌、锰、钨、铁、磷等都是对东盟出口具有相对优势的矿种。加上毗邻越南，连通东盟各国，矿产资源丰富。

西藏自治区的矿产资源也很丰富。目前已发现的矿产资源有 90 多种，矿产地 2000 余处，18 种矿产储量居全国储量的前十位。其中铬铁矿储量居全国之冠，铜的远景储量居全国第二位；锂、硼等 11 种矿藏储量居全国前五位。近年来，已探明西藏有储量丰富的油气田，其有望成为我国重要的能源基地。

（三）能源资源富饶

西南地区是我国能源资源最为富饶的地区，能源种类之多，蕴藏量之大，分布之广，是国内其他地区所不能比拟的。水能、煤炭、石油、天然气、太阳能、风能、地热等，几乎我国所有能利用的能源种类，在西南地区都已发现，并进行了不同程度的开发利用，发展潜力很大。因此，在能源战略层面上，西南地区将是一个既能独立存在而又能支援全国的能源基地。

1. 水能

西南地区的水能资源极为丰富，理论蕴藏量近 7 亿千瓦，居世界之首，占世界水能资源的 14%。据统计，四川全省大小河流有 1300 多条，流域面积在 500 平方公里以上的达 267 条，技术可开发量约为 1.2 亿千瓦，占全国的 27% 左右，居全国首位。第一次全国水利普查公报显示，四川境内共有 4607 座水电站，装机容量 7581.12 万千瓦。四川、云南为中国水资源大省，"十二五"末水电装机容量分别达到 6939 万千瓦、5774 万千瓦，外送能力分别达到 2850 万千瓦、1850 万千瓦，2016 年两省水电发电量占到全国发电量的 8.9%。[1] 根据南网"十三五"规划，"十三五"期间南网西电东送容量将新增 1730 万千瓦，达 4300 万千瓦；送广东容量将新增 1370 万千瓦，达 3810 万千瓦。[2]

广西边境地区属亚热带湿润季风气候区，雨量充沛，河流纵横交错，河网密度大，地表水资源十分丰富，有左江水系、右江水系、红河

---

[1] 陈敏曦：《西南水电之问》，《中国电力企业管理》2017 年第 13 期。
[2] 《"十二五"南方电网西电东送规模将达 4300 万千瓦》，中国政府网，2010 年 12 月 27 日，http://www.gov.cn/jrzg/2010-12/27/content_1773615.htm。

水系，以及沿海诸河系。据统计，广西边境地区河网密度为 0.163 平方公里，远高于全国、全区水平，属全国、全区水资源最丰富地区。广西边境水力资源蕴藏量大，理论蕴藏量为 68.742 万千瓦，可开发装机容量为 39.203 万千瓦，而现在只开发了 13.037 万千瓦，还有很大的开发潜力。广西边境水能资源相对集中，有利于建高库大坝，同时地理位置适中，各项经济指标都较优越，有利于投资开发水电。

西藏自治区水能资源丰富，天然水能蕴藏量约占全国的 30%。亚洲著名的恒河、印度河、湄公河的上源都在西藏。在西藏境内流域面积大于 1 万平方公里的河流有 20 多条。雅鲁藏布江为西藏的第一大河，全长 2057 公里，是我国第五大河。西藏有大小湖泊 1500 多个，湖泊总面积 24183 平方公里，约占我国湖泊总面积的 1/3。西藏是世界上湖面最高、范围最大、数量最多的高原湖区。

2. 生物资源

根据中国植被图和中国数字高程模型图，西南地区 9 种主要植被类型大致分布在高、中、低 3 个海拔梯度上。其中，高海拔区包括草原、草甸和高山植被；中海拔区包括灌丛、针叶林、阔叶林和沼泽；低海拔区主要包括草丛和栽培植被。西南地区江河、林木、牧草资源十分丰富，有大面积高山区和草场以及常年生的林木和牧草，无霜期长，是中国种植橡胶、甘蔗、茶叶等热带经济作物的宝贵地区。云南省是中国生物物种最丰富的省份，素以"动植物王国"著称，有高等植物约 17000 种，占全国的 57%，已知有陆生野生动物 1366 种，占全国的 58%。四川省有维管束植物 9254 种，其中乔木约 1000 种，占全国总数的一半；脊椎动物 1259 种，占全国总数的 40% 以上。

西南地区受保护的野生脊椎动物 2426 种，为中国野生脊椎动物物种总数的 38.12%；西南地区受保护的野生高等植物 20965 种，是中国野生高等植物物种总数的近 70%。在中国西南地区自然保护区中，得到保护的国家重点保护动物共 119 种，是国家重点保护动物总数的 46.13%，其中一级保护动物 42 种，比例为 35.3%，二级保护动物 77 种，比例为

64.7%；得到保护的国家重点保护植物共 138 种，为国家重点保护植物总数的 54.3%，其中一级保护植物 29 种，比例为 21.0%，二级保护植物 109 种，比例为 79.0%。此外，西南地区是中国现生猕猴属种类最多的地区。除台湾猕猴之外，其余 5 种猕猴属都有所分布，并且这一带是猕猴分布比较密集的地区。另外，西南地区还是仰鼻猴、长臂猿、大熊猫分布的主要地区之一。

（四）其他资源

云南地区自古以来便是少数民族的聚居地，16 个少数民族跨境而居。他们的语言文化、生活习惯和宗教信仰与周边国家的民族极其相似，而且还互相通婚。西南地区周边国家大约有华侨 140 多万人，他们大多经商、办厂，积极从事各种贸易活动，这些都为边境贸易的发展提供了有利条件。同时，边境口岸城镇地处中国边界地带，自然风光优美，民族风情独特，还有悠久的历史文物古迹，所以边境城镇的自然和人文旅游资源都十分丰富并独具特色。边境地区旅游业的发展具有广阔的前景，如边关的历史遗迹遗址，历代王朝的遗址、墓葬、城址、碑刻，近现代革命遗址，帝国主义侵略罪证等。历史的记载紧扣旅游者的心弦，升华中华民族的爱国情怀。而且边境城镇由于毗邻外国，发展境外旅游事业具有便利条件。跨国旅游，不仅可使人们饱览异国风光，体验异域情调，对加强各国人民之间的友谊和经贸联系也有重要意义。

广西的口岸资源富集。口岸是一种重要的社会经济资源，它是供中外籍人员、货物出入国境的通道，是一个国家对外开放的窗口。口岸的这种通道功能，决定了口岸所在的城镇是国与国之间人流、物流、资金流、信息流等生产要素的必经之地。从众多大城市港口的发展历史可以看出，口岸拥有商品进出口最为便利的区位条件，世界上许多大都市的经济起飞都是首先从口岸（港口）经济的发展起步的。国内沿海、沿江城市的崛起，无不与这些城市以口岸经济作为"引擎"有关。广西与越南交界，边境线东起东兴，西至那坡，全长 637 公里，分布了 12 个口岸，26 个边民互市点。口岸由东至西分别是东兴口岸、峒中口岸、爱店口岸、友邦口岸、平孟口岸。广西陆地边境口岸较为密集，友谊关口岸距离越南的首都河内最近，到达越南首都河内最为便利。广西陆地边境口岸一类口岸比较多，除科甲口岸、平而关口岸为二类口岸外，其余均为一类口岸。①

西藏的交通条件较过去也得到了长足发展。西藏和平解放后的第一项大规模建设，就是修建四川和青海通往拉萨的公路。经过几十年的建设，现在，西藏有干线公路 15 条，其中包括川藏、青藏、新藏、滇藏、中尼五条主要干线公路；支线公路 315 条，建成公路总长 21842 公里；除地处深山的墨脱县外，所有的县和 77% 的乡都通了公路。西藏的拉萨贡嘎、昌都邦达两个机场，在 1956 年开辟拉萨至北京的航线后，又相继开通了拉萨至成都、西安、兰州、上海、广州以及成都至昌都等国内航线和拉萨至尼泊尔加德满都的国际航线。西藏已建成和开通了 7 个地（市）卫星通信站和 51 个县程控电话交换机，98% 的县实现了卫星传输和电话的程控化，并建立了国际国内长途电话自动交换网。

三 西南边境口岸城镇化建设的经济增长因素

（一）广西边境建设大会战

广西边境建设大会战涉及的边境地区包括那坡、靖西、大新、龙州、凭祥、宁明、防城、东兴 8 个县（市、区）下辖的 103 个乡镇，面积 1.8 万平方公里，居住着壮、汉、瑶、彝、京等 12 个民族，人口 242 万，陆地边境线长 1020 公里，与越南 4 个省 17 个县毗邻。2000 年 8 月，广西壮族自治区党委、人民政府决定用两年左右的时间，集中人力、物力和财力，在边境 8 个县（市、区）开展边境建设大会战，重点解决边境地区基础设施发展缓慢问题，改善边民生产生活条件，具体落实 24 件实事，完成 17927 个工程项目，重点加强交通、通信、教育、卫生等基础设施建设。

---

① 钟媛婷：《广西陆地边境口岸的特点及发展路径》，《百色学院学报》2020 年第 5 期。

大会战建设了通 48 个乡镇的柏油路 642.2 公里，通 23 个边防连队（检查站）的三级公路 39.5 公里，通 14 个边贸点的三级公路 113.28 公里，改造 176 个村级道路 912.4 公里，建设"县县通"二级公路 273 公里，建设东兴至那坡沿边三级公路 732.5 公里。在边境建设大会战要办好的 24 件实事中，教育占了 4 项。大会战结束，壮乡边境新建扩建 8 所县中学、106 所乡镇初中、96 所乡镇中心小学、646 所村级完全小学。大会战还新建扩建了 74 个乡镇卫生院、874 个村卫生室、1049 个村计生服务室、57 个乡镇文化站、15 个乡镇邮政所、46 个乡镇水厂、97 个乡镇农贸市场、4031 套乡镇干部宿舍、896 个村委会办公用房、364 处农村人畜饮水工程。

广西实施边境建设大会战对边境地区产生了深远影响，《关于表彰广西边境建设大会战先进集体和先进个人的决定》提到，边境建设大会战被边民誉为"民心工程、德政工程、国门形象工程"，边境建设大会战促进了边境地区经济发展、民族团结和边防巩固，国门形象焕然一新。

广西边境建设大会战使广西边境发生了翻天覆地的变化，住茅草房、点煤油灯、走羊肠小道已成为历史，饮水难、看病难、上学难、收听收看广播电视难，以及村委会没有办公用房等问题都得到了较好的解决。

第一，兴边富民政策是国家支持边境地区经济建设的重大举措。1999 年朱镕基总理在中央民族工作会议上提出"兴边富民行动"，为富民、兴边、强国、睦邻，巩固祖国的万里边疆打下了基础。2000 年国务院下发《关于实施西部大开发若干政策措施的通知》，明确提出继续践行"兴边富民行动"的要求，这表明国家已把富民兴边融入了西部大开发的整体战略。加强边境地区基础设施建设，改善群众生产生活条件，既是中央民族工作的要求，也是西部大开发战略的整体要求。

第二，为边境城镇化孕育了新的商机。硕龙镇在边境建设大会战之后，新建了口岸城镇经济开发区，计划依托德天瀑布景区，打造一个国际型的旅游、会务、边贸中心城镇。2002 年 5 月,自治区计委已批准立项。该新区占地 3 公顷,与越南隔河相望,投资 524 万元。新区内设边贸一条街、旅游产品一条街、步行休闲一条街等。

第三,边境建设大会战为旧城区的扩建创造了机遇。东兴利用贴边三级公路有 4.5 公里从东兴市北区荒山经过的条件,在建设中,巧妙地利用它作为城市的外环道,带动北区的开发,使城市面积一举扩大近 3 平方公里。

第四,边境建设大会战是一项"国门形象工程",也是边境城镇化的内容之一。这项工程在边境沿线修建了平坦的柏油路,结束了边境地区群众住茅草房、点煤油灯、走羊肠小道的历史,巩固了边防,促进了边境地区各民族人民之间的团结。边境建设大会战带给边民的,不仅是脱贫、实惠,更重要的还有观念、意识上的大踏步向前。

与此同时,广西实施北部湾经济区发展规划给推进边境城镇化带来机遇。广西北部湾经济区由南宁、北海、钦州、防城港 4 座城市所辖行政区组成,再加上玉林和崇左两座城市的交通和物流。北部湾地区无疑将成为新的经济"增长极",对广西的发展具有重大现实意义。发展规划势必对边境地区经济社会的发展形成辐射作用,同时也对边境地区的经济发展提出更高的要求,这正是加快边境口岸城镇化进程的难得机遇。由于经济区规划内容包括崇左的交通和物流,必将以南宁—友谊关高速公路连接越南 1 号公路,以湘桂铁路连接泛亚铁路为主轴,并规划建设连接所有二类口岸的二级公路,这对边境口岸及口岸腹地城镇化发展是难得的机会。

(二)西藏边境口岸建设举措

从西藏已有的地理历史条件以及既有发展经验来看,其发展主要依靠以下几点。

一是区域经济增长政策的倾斜。边境贸易的发展有利于将边境地带的自然资源转化为经济资源,有利于区域产业结构的优化,有利于边境地带市场化进程的推进,因此中央召开的"西藏工作座谈会",西藏自治区政府的"九五"和"十五"计划以及"十一五"规划建议中都专门指出发展边境贸易的基本思路，尤其重视对口岸的交通、水电等基础设施的建设。

二是历史、地理等因素造就的区位优势。一般交通、地理条件好的地方经济增长速度就比较快，居民收入、生活水平也就有较快提高。西藏目前的口岸和边贸市场大多是历史上就有的，属于由边民自发形成的传统的地点。这些口岸和市场自然地理、气候条件较好，大多数情况下边民进行贸易都很方便。近年来，在中央、兄弟省（市、区）各级政府的支持下，五大口岸所在地的交通、基础设施等条件均有较大改进。特别是樟木口岸，中尼公路贯通樟木镇，可谓交通便利。

三是市场化程度不断提高。正是由于交通便利，信息、资金以及物资才能迅速在口岸地集聚起来。加之国家出台了一系列发展边贸的优惠政策，市场化程度迅速提高，这样资本就能在这些区域形成集聚规模，进而带来更大的收益。边境口岸所在地多是少数民族聚居的地点，如樟木镇以夏尔巴人居多。边贸物流带动了人才的流动，商人经营追求利润最大化，因此在边贸政策的吸引下，大批外来人员来到口岸地从事边境贸易。外来人员的出现给当地居民提供了学习和借鉴的榜样。最初是外来人员租赁当地居民的房屋经商。到后来，当地居民在利润的吸引下也开始从事运输、餐饮、信息中介等服务业，进而扩大商品经营范围，获得边贸带来的利益。这可以看作外来人员给当地居民带来的"头脑风暴"。

（三）云南边境口岸建设成效

云南共有 8 个州（市）与越南、老挝、缅甸接壤，共有 9 个国家一级口岸和 7 个省级二类口岸，边境线长达 4060 公里。自 1992 年国家陆续恢复关闭的云南边境口岸以来，云南与邻国的边境口岸边贸迅速发展起来，边境贸易额持续稳定增长，为云南的对外贸易及经济的稳定增长做出了贡献。2012 年，云南口岸进出口额为 69.9 亿美元，边境口岸进出口额为 52.92 亿美元，边境口岸进出口额占云南口岸进出口额的

76%，体现了云南边境口岸经济在云南口岸经济中的重要地位。以瑞丽、磨憨、河口三大边境口岸为例，2000～2011 年三大边境口岸进出口总额呈现快速增长的发展趋势。其中 2011 年瑞丽口岸进出口额达16.65 亿美元，比 2000 年的 1.83 亿美元增长了近 10 倍。

边境口岸所在城市以边境口岸区位及自然条件为优势，形成了以边境贸易及相关产业为主的支柱产业，如在瑞丽、河口、磨憨口岸所在县级城市瑞丽市、河口县、勐腊县 2017 年的经济水平及产业结构中，三大边境口岸载体城市的产业结构表现为以第三产业为主的轻型化口岸经济，且第三产业以餐饮、住宿、零售、运输等传统服务业为主。大部分边境口岸载体城市依托边境口岸贸易的外向型经济特征明显，主要表现在第三产业的比重远远超过第一、第二产业，如瑞丽市和河口县的第三产业比重分别为 60%、52%。显然边境贸易已成为边境口岸载体城市对外贸易的重要组成部分，对边境地区经济发展、市场繁荣、就业增长起到了关键作用。

其经济增长因素主要在于以下四个方面。第一，陆路相通的边境地缘政治是云南边境口岸经济发展的主要优势。云南边境线长，边境口岸众多，通道密集，这给云南边境口岸经济的发展带来了较强的地缘优势。第二，边境口岸基础设施建设相对邻国较强，给云南边境口岸经济发展带来了吸引力。尽管云南大多边境口岸基础设施较薄弱，但相较于口岸邻国来说，设施、设备工艺等仍有一定优势。边境口岸公路、铁路保养情况较好，使我国境内口岸的通关能力较境外强。集聚在边境口岸的我国第三方物流企业形成境内外货物的规模集散地，能够提供相应的配套服务，已成为促进边境口岸经济发展的重要动力。第三，边境口岸尽管规模小但数量多，能够较好地与境外边民保持顺畅交流。云南边境线长 4060 公里，有 9 个一级口岸，7 个二级口岸，90 多个边民互市通道及 103 个边民互市点。由于不同的边境口岸分布在不同的县（市），各边境口岸间相互联系极为频繁。竞相投资，努力争夺市场和腹地资源，这极易形成口岸载体城市的集中投资，促使边境口岸经济有序、合理发展。第四，边境口岸经济的功能模式相似，很难形成相互补充的边境口岸群，但容易形成边境口岸的连线式发展。云南的边境口岸主要是公路、铁路相结合的陆路边境口岸体系，由于不同的边境口岸属于不同的行政区划，使得同一类型的不同边境口岸，在功能定位和发展模式上存在一定的相似性。即使是同一地区的同一类边境口岸，也有功能相同、相似的现象存在。尽管难以形成相互补充、相得益彰的边境口岸经济群，但在守边固疆建设中容易形成连线式发展，抵消了陆路边境线过长带来的困境，提升边境口岸的整体建设效益。

第三节　西南边境口岸城镇化建设评估

一　西南边境口岸城镇化建设指标分析

在关于城镇化标准问题或居民生活及福利水平的研究中，国际上通常以人均 GDP 为标准。世界银行在《1990 年世界发展报告》中，将人均 GDP 为 545 美元以下确定为低收入国家，545 美元至 2200 美元为中下收入国家，2200 美元至 5999 美元为中上收入国家，6000 美元及以上为高收入国家。我国国家统计局等 12 个部门在 1991 年制定城镇化标准时，考虑到我国城乡差异很大，提出了全国、城市和农村三个城镇化标准。全国和城市城镇化标准均以人均 GDP 指标为核心，分别包括 16 个和 14 个指标；农村城镇化标准以人均纯收入指标为核心，包括恩格尔系数等 16 项指标。由于民族地区亟须加快城镇化建设进程，而城镇化建设的难点在于人均收入水平的提高，特别是农民收入的增加。

（一）西南地区人均 GDP 及综合经济实力

从人均 GDP 指标看，到 2018 年，西南民族地区整体上刚刚进入城镇化，人均 GDP 低于全国平均水平。从自治区和其他民族地方看，新疆、内蒙古、宁夏、西藏和广西等五区的人均 GDP 水平最高，达 2960

元，但仍低于全国平均水平；青海、云南和贵州三个民族省份的人均GDP 为 2280 元，尚未达到城镇化标准，仍处于温饱水平；四川、重庆和甘肃三省市民族自治地方的人均 GDP 水平最低，仅为 1628 元，是城镇化标准的 65%。从各省（区）看，五个自治区和青海、云南两省均整体进入城镇化。其中，新疆人均 GDP 最高，达 4658 元，高于全国平均水平；内蒙古、宁夏、西藏和广西等四区和青海、云南两省的人均GDP 分别为 3825 元、3118 元、3103 元、2741 元、3385 元和 2847 元，均低于全国平均水平。贵州、四川、重庆和甘肃四省市的民族自治地方由于工业化和城市化进程慢，整体上均未进入城镇化。其中，甘肃民族自治地方人均 GDP 最低，仅为 1025 元。

（二）西南地区的工业化程度和第三产业发展水平

从工业化水平看，2017 年西南民族地区工业增加值占 GDP 的比重为 30.81%，低于全国 44.41% 的平均水平。云南工业增加值比重最高，达 34.96%，工业增加值比重高于 30% 的还有贵州；工业增加值比重最低的是西藏，为 7.19%；广西、重庆、四川的工业增加值比重均在20% ~ 30%。从第三产业发展程度看，2002 年西南民族地区第三产业增加值占 GDP 的比重为 38.17%，高于全国 33.53% 的平均水平。第三产业增加值比重最高的是西藏，达 55.02%；第三产业增加值比重最低的是重庆，为 30.35%。

（三）贫困面的差距

2001 年底，西南民族地区剩余贫困人口 1864 万，农村贫困发生率为 14.1%，而当时全国剩余贫困人口为 2900 万，农村贫困发生率为3.2%。西南民族地区剩余贫困人口占全国剩余贫困人口的比例为64.3%，农村贫困发生率高出全国 10.9 个百分点。国家扶贫开发重点县共 592 个，民族自治地方有 267 个（除西藏），比"八七"扶贫攻坚时的 257 个县增加了 10 个县。加上西藏 74 个县整体被列入国家扶贫开发重点扶持范围，民族自治地方享受国家扶贫开发重点扶持的县共为341 个，占民族自治地方（县、旗）总数的 53.5%，比"八七"时期高 13.2 个百分点，比全国覆盖率（30%）高 23.5 个百分点。

进一步以地方财政收入为指标进行衡量，2017 年，西南民族地区人均地方财政收入为 688 元，比 2000 年增加 337 元。全国 2017 年达到 611 元，比 2000 年增加 305 元。

总之，西南民族地区城镇化指标实现程度的差异表明，西南民族地区城镇化建设程度不一的深层原因是结构问题，而结构问题的根源是产业组织体制和机制落后。具体包括：农村工业增加农民收入的能力弱，与全国平均水平的差距明显，影响了农村城镇化建设进程；资源型工业基地存在聚集负效应，阻碍了产业结构的调整升级和城镇化建设进程的推进。

二 西南边境口岸城镇建设的 SWOT 分析评估

（一）SWOT 分析法

SWOT 分析法是一种常用的战略分析法，也被称为态势分析方法。它是 20 世纪 80 年代初由美国旧金山大学的管理学教授韦里克在波特模型的基础上研制出来的。其分析方法就是将与研究对象密切相关的各种主要内部优势因素、劣势因素、机会因素和威胁因素通过调查罗列出来，并依照秩序按矩阵形式排列，然后运用系统分析的方法，把各种因素相互匹配起来加以分析，从中总结出一系列相应的结论与战略。排列形式如图 4 - 1 所示。

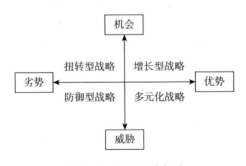

图 4 - 1　SWOT 分析法

（二）西南边境口岸城镇建设的 SWOT 分析

1. 优势

（1）地缘条件优越

地理位置的比邻性和关联性，是中国边境口岸城镇发展的首要优势。边境口岸城市的陆、水、空交通网络相对发达，公路、铁路相接，货物可以直接往来，可减少运输成本，具有水运口岸的城市还可与多个国家和地区通航，为双方加强经贸合作创造了便利的交通运输条件。这些都使边境口岸城市与对应的毗邻国家和地区之间具备了良好的对外贸易基础条件。边境口岸城市是中国与陆域边境各国国际经贸旅游大通道上的重要枢纽。同时，边境口岸城市是中国边境地区的经济中心，与内陆中心城市及沿海城市之间联系也较为紧密。凭借较好的地缘优势，边境口岸城市对外是国际经贸交流枢纽，货物商品能进入各国腹地；对内可达中国边境地区甚至中部及沿海地区。

（2）资源丰富

边境口岸城市地处广阔的边境地区，自然资源丰富，种类繁多。与此同时，边境口岸城市自然风光秀美，历史人文景观丰富多彩，特别是一些少数民族聚居地兼具少数民族文化和异域风情的旅游资源（见表4-2）。因此，边境口岸城市依靠其自身的资源优势发展资源性产业及旅游业的潜力较大。

表 4-2　部分边境口岸城市资源优势

城市	矿产资源优势	生物资源优势	旅游资源优势
瑞丽市	矿产资源丰富，主要有地热、片麻岩、建筑石料用灰岩	主要森林类型有 7 个植被系、17 个植被亚系、30 个群系，丰富的森林植被类型形成了众多的植物种类	"国家级风景名胜区""中国优秀旅游城市"，民族风情浓郁，有"歌舞之乡""动植物王国""东方珠宝城"的美称
畹町镇	地下蕴藏多种宝贵矿藏资源，已探明的有金、银、锡、铅等	南亚热带山地湿润季风气候，年均相对湿度79%，森林覆盖率82%，野生动物种类繁多	亚热带气候，风光优美，与缅甸九谷市隔河相望，边境口岸城市特色明显，具有浓郁的地方风情

续表

城市	矿产资源优势	生物资源优势	旅游资源优势
河口市	矿产资源有金、铜、铅、锌等，金属矿产有以石墨、夕线石、长石、煤为主的非金属矿产8处，其中夕线石蕴藏量居亚洲第二	森林覆盖率38%，国家一级保护树种有树蕨等；国家一级保护动物有黑长臂猿等；经济作物主要有橡胶等；热带水果较多	自然景观秀美；人文景观众多
凭祥市	矿产资源丰富，主要有煤矿、铁矿、铅锌矿、铝土矿等	森林覆盖率27%，境内主要有杉、松等；木菇等具有较高的药用和工业价值；经济作物有八角、龙眼等	多姿的山峰、岩洞、森林，独特的历史人文景观及民族风情
东兴市	蕴藏20多种矿产资源，其中用东兴北基石加工而成的石雕制品历史悠久	植物资源主要有柑橙、龙眼、荔枝、菠萝、玉桂等，其中大红八角和桂皮在世界上享有盛誉；海产品丰富，以对虾、螃蟹、文蛤、大蚝、泥蟮为主	沿边、沿海，是中国与越南唯一海陆相通的口岸城市，是京族在中国的主要聚居地，少数民族风情浓郁，四季长春，气候宜人

资料来源：根据各边境口岸城市政府网资料整理。

（3）中国与周边国家的经济互补性强

中国与周边国家的经济互补性表现在资源、劳动力、产业结构、技术等诸多方面。目前，能源合作是中国参与的与陆域周边国家之间首要的也是最基本的次区域经济合作。中国周边国家自然资源较为丰富。以俄罗斯为例，其自然资源不仅种类多，而且储量大，如森林覆盖面积、水利资源以及天然气和铁矿储量位居世界第一；石油、煤、铝的探明储量居世界第二；铀、黄金等储量位居世界前列。中国能源虽然丰富，但人均占有量少。随着经济的快速发展，供不应求的矛盾会日益突出。因此，中国正积极利用周边国家能源储量上的优势，在进行能源合作的基础上实现经贸合作升级。中国与周边国家的合作以边境口岸城市为窗口，在进行经贸合作的同时必然带动城市的整体发展。

（4）与周边国家的民族文化相通性强

中国有30多个民族与陆域周边国家中的民族有共同的渊源。以新疆与哈萨克斯坦为例，两国哈萨克族人民语言文字相通，风俗习惯相似，加之有密切的血缘、心理、姻亲关系，于是他们结下了深厚的情谊。长期以来，新疆城市人民与哈萨克斯坦塞米巴拉金斯克州人民在生产上相互帮助，生活上互通有无，文化上广泛联系，亲密交往自古以来不曾中断。

（5）对外往来历史悠久

中国与陆域周边国家交往历史悠久，一直保持边民互市的良好的传统，与朝鲜、俄罗斯、蒙古、哈萨克斯坦、越南、老挝、缅甸、尼泊尔等国家保持广泛持久的经济联系。早在 2000 多年前，张骞出使西域就拉开了中国对外交流的帷幕，"丝绸之路"成为沟通中外的重要渠道；中俄之间的经贸往来要追溯到 3 个世纪前，清政府实行巡边制度，边界官兵巡边时与俄方哨兵之间发生简单物品交换行为，后来这种贸易活动不断扩大，由不固定地点逐步发展到定点、定期集市，进行以物易物的活动。

（6）国内法律政策支持

边境口岸城市多数处于中国少数民族地区，其发展以《中华人民共和国民族区域自治法》及其他法律、法规为基础，并配以区域发展规划及各边境地区地方政府发展规划。为促进边境口岸城市发展对外、对内经贸关系，根据自身特点，全方位、多形式地扩大与周边国家的经济合作和技术交流，上述法律、法规和政策及相关规划为其提供了重要支持。与发展边境口岸城市相关的法律、法规、政策体系、区域规划、地方法规及规划如表 4-3 所示。

表 4-3　与发展边境口岸城市相关的法律、法规、政策体系、区域规划、地方法规及规划

国家法律、法规、政策体系	《国务院关于进一步对外开放黑河等四个边境城市的通知》
	《国务院关于进一步对外开放南宁、昆明市及凭祥等五个边境城镇的通知》
	《中华人民共和国民族区域自治法》
	《中华人民共和国对外贸易法》
	《边境贸易外汇管理办法》

国家法律、法规、政策体系	《对外贸易经济合作部、海关总署关于进一步发展边境贸易的补充规定的通知》 《国务院关于发展边境贸易的优惠政策》 《边境小额贸易和边境地区对外经济技术合作管理办法》 《中华人民共和国国民经济和社会发展第十一个五年规划纲要》 《西部大开发"十一五"规划》 《兴边富民行动"十一五"规划》 《国家"十一五"口岸发展规划》
区域规划	《国务院关于实施西部大开发若干政策措施的通知》 《国务院关于进一步推进西部大开发的若干意见》 《国务院关于进一步实施东北地区等老工业基地振兴战略的若干意见》 《中国图们江区域合作开发规划纲要》
地方法规及规划	具体可参见各边境省、自治区、边境口岸城市等相关法规及发展规划

2. 劣势

尽管边境口岸城市发展具有较多优势，但就目前情况而言，仍存在基础设施建设及产业发展等方面的一些劣势。

（1）基础设施建设相对落后

基础设施建设落后表现在边境口岸城市基础设施建设，边境口岸出入通道建设与边境口岸城市与中国内陆地区间的交通、通信网建设三个方面。

第一，边境口岸城市基础设施建设方面。尽管实行沿边开放政策以来，国家及边境地区地方政府加大了边境口岸城市基础设施建设力度，边境口岸城市的基础设施得到了极大改善，水、电等市政公共设施逐步齐备，城市道路不断修缮、拓宽，城市绿化、美化质量逐渐提高。但由于自身基础较低，观念差距及资金、技术等方面原因，边境口岸城市的基础设施建设总体情况仍落后于内陆中心城市及沿海城市。仅从资金方面考虑，以丹东市为例，2009年丹东市固定资产投资额达到525亿元，在边境口岸城市中处于中上等水平。但其与辽宁省中心城市——沈阳市及南部中心城市——武汉市相比仍处于低水平，与沿海城市——天津市相比，丹东市固定资产投资额仅占天津市的1/10左右。由此可见，边境口岸城市的基础设施建设处于相对落后的状态。

第二，边境口岸城市出入通道建设相对滞后。与周边国家对接口岸建设不协调，也是制约边境口岸城市发展的一大障碍。与中国边境口岸对接的一些邻国口岸城市非常注重自身建设，积极修建铁路、公路，提高道路等级，同时这些口岸城市还较为注重招商引资，引入外国客商投资设厂以发展加工贸易等其他产业活动，努力提高其城市吸引力。如越南采取了一系列发展边境口岸经济的扶持政策，兴建了一批功能齐全、设施完善、规划统一、管理规范、政策宽松的边境口岸。中国边境口岸城市只有建立健全服务设施和服务网络，才能促进与邻国市场产业、资源的整合与合作，才能推动中国与周边国家进行更深入的经济活动。

第三，边境口岸城市与中国内陆地区之间交通、通信网密度较低。目前，位于东北地区的边境口岸城市与内陆地区及沿海地区的交通网相对发达；位于西南地区的边境口岸城市借助中国—东盟自由贸易区、澜沧江—湄公河次区域经济合作机制的建立，公路、铁路建设还在不断完善过程中。

（2）缺乏产业支持

城市经济的发展，归根结底要依赖城市经济动力，即城市主导产业的发展。边境口岸城市的发展主要依靠边境贸易的带动。自边境贸易日益升温以来，边境口岸城市原产于本地的出口产品的比重一直处于较低水平，绝大多数产品都来自内陆。这反映出边境口岸城市企业在边境贸易中参与程度较低，未能充分利用地缘优势，吸引国内外投资，尚未具有足够的发展外向型经济的生产能力。而边贸企业的经济实力、管理能力、市场竞争能力，关系到对外贸易发展的全局及边境口岸城市的持续发展。这种"生产性功能"的缺失以及与内陆中心城市经济关联度不高的状况，使得边境口岸城市的发展缺乏主导产业的支撑和持续发展的坚实基础。

一些边境口岸城市在边境贸易繁荣的形势下，没有形成自身的优势产业，没有形成出口商品生产基地，也没有及时采取措施，调整产业结构，增强经济发展的后劲，势必会影响其地方经济的发展。

（3）对外贸易发展障碍

当前边境口岸城市参与国际、国内专业化分工主要依靠对外贸易的发展。只有对外贸易的发展才能带动相关产业的发展，才能使各产业相互促进、相互协调发展。但目前对外贸易发展仍存在一些障碍。从贸易层次来看，中国边境口岸城镇对外贸易的绝大部分是货物贸易，服务贸易比重很低，具有合作基础的劳务输出和科技合作等领域都有待发展。从贸易结构看，虽然近年来贸易结构有了一定程度的改善，但是仍以低技术含量的劳动密集型和资源性产品为主。另外，中国与周边国家的贸易在本币结算、商务纠纷仲裁、保险制度、清关制度等方面长期存在障碍，严重影响对外贸易的正常开展。同时，边境口岸城市存在过于重视贸易的现象，忽视了经济技术合作、旅游合作及边境地区发展加工业等领域的合作交流。

3. 机会

（1）良好的国际国内环境

从 20 世纪 70 年代开始，世界经济、政治、文化等各个方面都走向全球化。通过资本、技术和人才的流动以及跨国公司在世界范围内建立分支机构，跨越国界的生产体系和市场体系逐步形成。资本的流动日益跨国化，以外向型经济发展为主的边境口岸城镇成为区域经济发展中的热点。

从国内环境来看，中国实行沿边开放政策以来，不断加大对沿边地区的支持力度，加强了交通、能源、口岸等基础设施建设，使边境口岸城镇的投资环境不断改善，生产、生活条件发生了根本变化。这些使得边境口岸城镇的地缘优势、资源优势得以充分发挥，社会经济进入快速发展时期。

（2）区域经济合作不断加强

20 世纪 90 年代以来，区域经济合作已成为当今世界经济发展的主题之一。而区域经济合作的发展，对以对外贸易为支撑的边境口岸城镇的发展起到积极作用。其在边境口岸城镇发展边境贸易、经济技术合作、投资、旅游业等方面产生了积极作用。区域经济一体化为边境口岸城镇的发展带来了更多的技术、资金，这是边境口岸城镇所具备的独特优势，其所带来的经济信息也更全面，容易与一体化范围内的更多国家和地区发生更多的经济联系。与此同时，区域经济合作的深入也为中国出口产品提供了更广阔的消费市场。以于 2010 年全面启动的中国—东盟自由贸易区为例，这是世界上人口最多、面积最大的自由贸易区，区域人口总数超过 20 亿。其为中国出口产业发展提供了一个巨大的现实或潜在的消费市场。

随着中国参与陆域边境地区的区域经济合作进程的加快，区域内通畅的货物贸易和信息流动必然给中国与毗邻国家带来全方位的互动效应，促使边境口岸城市经济快速发展和人民生活水平不断提高。

（3）国家西部大开发战略与"兴边富民"行动的深入推进

国家西部大开发战略与"兴边富民"行动已实施多年，就西部大开发而言，中国政府在规划指导、政策扶持、资金投入、项目安排、人才交流等方面不断加大对西部地区的支持力度，向西部地区转移支付和提供专项补助超过 3.5 万亿元，安排中央财政性建设资金 7300 多亿元。就"兴边富民"行动而言，年累计安排"兴边富民"行动资金达 15.09 亿元，其中，12.8 亿元安排在西部地区。在国家的政策支持和资金扶持下，中国边境口岸城市经济加快发展，城乡面貌发生了历史性变化，人民生活水平明显提高，边境口岸城市正在成为中国重要的生态安全屏障、战略资源接续地和沿边开放的前沿阵地。

随着西部大开发战略与"兴边富民"行动的深入推进，中国边境口岸城市的发展机遇主要体现在以下几个方面：一是中国边境地区综合口岸城市体系将进一步得到发展和完善；二是以边境口岸城市为依托的对外开放、边境贸易、沿边经济开发区建设、国际经济技术交流与合作将进一步得到深化和拓展；三是以铁路和航空为主的交通运输通道建设将进一步促进中国边境口岸基础设施的日趋完善；四是以中国边境口岸城市特色资源为优势的能源化工产业、矿产资源开采加工产业、装备制造产业、高新技术产业、农牧产品深加工产业和旅游产业六大特色产业将进一步挖掘和发展；五是边境口岸在进出口商品经营范围、进出口商品配额、许可证管理、人员往来等方面将进一步简化手续，放宽准入，以此全面推进边境口岸城市对内对外开放，提升沿边开发开放水平。

4. 威胁

（1）全球金融危机影响对外贸易

受金融危机影响，中国陆域周边国家经济滑坡，居民收入减少，导致购买力明显下降，市场需求缩小。再加上当地货币贬值严重，结汇风险加大，对边境口岸城市对外贸易产生较大影响。2008年至2009年前两个季度，中国边境口岸城市的对外贸易受周边国家"紧收性"和"保护性"政策的影响，出口贸易额呈现下跌态势。同时，受国际市场大宗商品价格全线下跌的影响，边境口岸城市主要税源商品进出口价格逐渐下跌，关税征收难度加大。

例如东北地区的绥芬河市，由于俄罗斯受金融危机影响，经济增长乏力，其出口受到限制，出口贸易额大幅下降，外贸加工企业产品销售受阻。许多以出口加工贸易为主体的中小企业经营业绩出现明显下滑，处于生产萎缩、利润下降的状态。有些为出口加工企业提供木材、矿产、钢材等上游产品的公司也面临产能过剩的困境。而进口价格的持续上涨导致对俄主导商品进口量大幅度下降，绥芬河口岸2008年原木进口662万立方米，同比下降15.52%。

（2）周边区域政治格局复杂，不确定性较多

当前全球化联系和互动日益紧密，政治与经济相互交织，国际政治、军事领域的安全扩展到了经济、环境、社会各个方面，涉及多个层面的综合安全内涵不断扩展。目前，世界各地恐怖主义猖獗，中国周边区域的动荡和紧张局势牵动着与经济安全密切相连的能源、矿产品和农产品安全，而边境口岸城市国际经贸的稳定发展，离不开各国经济的发展与合作，离不开周边区域的和平与稳定。以东南亚地区为例，这是存

在众多不确定安全隐患的区域之一，虽然东南亚国家之间的政治关系正在逐步改善，但若想真正建立起互信互利的合作关系还须经历一个漫长的过程。

（3）竞争日趋激烈

中国与周边国家各类资源蕴藏丰富，俄罗斯、东盟等市场发展潜力巨大。日本、韩国、美国、欧盟等纷纷开拓这些市场，形成了多方竞争的局面。同时，各边境口岸城市相互争夺腹地和货源，同质化和无序化竞争严重影响了边境口岸的整体效益规模化和集约化发展。

第五章　边境口岸城镇化发展的中外比较

第一节　边境口岸城镇化发展的影响因素比较

迈入 21 世纪，人类已开启一个新的城市纪元。中国作为发展中国家，近 20 年来城镇化水平发生了显著变化。我国城镇化水平快速提升，2011 年中国城镇人口占总人口的比重首次超过农业人口的比重，达到 50% 以上。1978~2018 年，全国总人口增长 1.5 倍，而城镇人口增长 4.8 倍；城镇人口占总人口比重由 17.92% 增加到 59.58%，平均每年提高 1.04 个百分点。因此，提高城镇化水平，推进城镇化进程已成为 21 世纪中国国民经济发展再上新台阶的重大战略抉择。然而，由于时空的差异和中国的具体国情等特点，盲目追求城镇化的量化指标，照搬发达国家城镇化模式，不利于中国城镇化进程积极、稳妥、健康地发展。下文通过对中外城镇化特点进行深层次的比较与分析，提出适合中国国情的城镇化发展模式。

一　人口总量的对比

人口总量水平决定着城镇化的聚集形态。中国是世界第一人口大国，根据第六次全国人口普查结果，全国人口总数已达 13.39 亿（不包括台湾地区），这是世界上任何国家都不存在的特殊国情，它决定着人口聚集形态。1990 年，在世界 20 个最大城市中，中国上海列第 5 位，北京列第 8 位，天津列第 15 位，但三个城市总人口仅占全国人口的 2.7%，与世界其他国家首位大城市同类数字相比有很大的差距。由此可以看出，世界上城镇化水平较高的国家，其首位大城市对城镇化水平的贡献是巨大的。中国人口众多，在城镇化进程中，仅凭借一些超大城市的集中聚集是不现实的，也无助于城镇化水平的提高。只有大力发展中、小城市，使其分散聚集，才是可行之道。

同时，人口基数大大限制了城镇化的推进速度。显然，由于人口基数大，城镇化水平每提高一步，由农村进入城市的居民数量都将是庞大的。以 1998 年中国城镇化水平为基准，假定全国年平均人口自然增长率为 8‰，按城镇化水平每年提高 1 个百分点的标准，全国每年增加城市居民数将达 1000 多万人，且将呈逐年增长态势。每年吸纳数量如此庞大的新增人口，作为发展中国家对于基础设施建设滞后的我国城市来说，其负担是沉重的。相反，美国在 1980～1990 年，城镇化水平提高了 1.3 个百分点，城市只新增 2000 万人口；加拿大在 1981～1991 年，城镇化水平提高了 5.4 个百分点，城市新增人口仅 280 万。由此可见，人口基数庞大的中国，其城镇化道路无疑是漫长的，不可能一蹴而就。

二　城镇化机制的对比

社会经济的发展影响着一个国家、一个地区和一个城市产业结构的调整。从社会发展总趋势看，农村人口不断向城市聚集，使城市化水平不断提高。在社会发展的不同阶段，城市化的动力机制是不一样的，存在着"拉力"或"推力"作用，而且"拉力"和"推力"的作用强度亦有变化。

"拉力"机制是城镇化的加速器。随着第一次工业革命的兴起，城市中机器大工业的生产方式取代了传统的手工作坊。经济活动的社会化和专业化迅猛发展，从而产生对劳动力的巨大需求，形成"拉力"效应。欧美国家的城镇化均是在这种"拉力"效应下兴起和加速发展的。1801～1851年，在英国工业革命兴起和蓬勃发展的时期，英国城镇人口占总人口的比重由26%上升为45%；美的同类数字由1800年的6.1%上升为1890年的35.1%。就城市而言，"拉力"效应更能显示其主动性的一面。工业革命推动了城市的迅猛发展，工业活动需要集中更多的劳动力资源，同时也使城市的基础设施和服务系统更加完善，从而吸引农村人口向城市聚集，城市规模不断扩大，城镇化进程不断加快。

"推力"机制是城镇化的助燃剂。随着农业生产水平的提高和农村人口的自然增长，农村产生了大量的剩余劳动力，形成了巨大的人口压力；同时，城市居民收入水平和社会服务设施条件明显高于农村，由此促进农村人口向城市流动，形成"推力"效应。中国现阶段城镇化进程基本上是处在"推力"机制的作用下（或者说"推力"效应大于"拉力"效应）。中国农村存在着大量剩余劳动力，具有向城市流动的强大势能，20世纪90年代以来的民工潮便是这种势能的集中爆发。虽然"推力"效应对城市来说是被动的，但适当的"推力"能增加城市劳动力资源的供给，促进城市的发展，推动城镇化水平的提高；反之，过大的"推力"势必造成城市的恶性膨胀，使城市基础设施严重匮乏，城市环境恶化，城镇化也仅是有其"量"而无其"质"。

三　社会经济环境的对比

制度因素导致城镇化水平不具绝对可比性。世界各国城市设置标准差异很大，一般而言，中国的小城市在国外已属于大城市的范畴。同时，中国城市人口统计口径也与国外不同，国外以城市实际居住人口为城市人口，而中国则按非农业人口统计。据调查，城市非农业人口一般只占城市实际居住人口的50%～75%。中国人口众多，计划生育是中国的基本国策。相对而言，农村的生育政策要宽松一些。因此，在城镇化水平不高的中国隐藏着巨大的农村人口进入城市的流动潮。

城市是经济发展的中心，城市的发展推动着区域经济的发展。反过来，城市的发展必须要有一定的经济实力来支撑。城市要发展，城镇化水平要提高，必须保证一定的资金投入来完善城市的基础设施。改革开放以前，中国城市发展较慢，城镇化水平相当落后，其中一个重要原因就是城市基础设施投资过低。长期以来，城市基础设施投资总额占国内生产总值的 0.14%～0.40%，占固定资产投资的 0.85%～3.76%，分别为发达国家同期的 1/15～1/10 和 1/8～1/3。近 20 年来，中国城市高速发展，对基础设施的投资也逐年增长。1999 年全国城市建设总投入已超过 3 万亿元，其中，如宜昌为 20 亿元，石家庄为 20 亿元，苏州为 100 亿元，广州约 150 亿元，北京为 1200 亿～1300 亿元。与此相对应，美国芝加哥市 1997 年基础设施投资为 67 亿美元，2018 年为 184 亿美元。按可比价对比，中国城市基础设施投资已远高于美国同类城市。尽管如此，中国城市在主要基础设施人均指标方面仍远低于美国城市，中国城市基础设施的缺口仍然较大。如果片面扩大城镇化规模，增加城市（主要指大城市）居民数量，势必使稍有改善的城市投资与生活环境恶化，进而影响城市乃至国家整体经济的进一步发展。

近年来，环境因素同样制约着城镇化"质"的提升。一是水资源的缺乏。中国是世界上 13 个最缺水国家之一，目前用水量为 4500 亿立方米，年人均用水量 2200 立方米，仅为世界人均用水量的 30% 左右。城市经济高速发展，用水集中，且用水量大、用水需求增长快。因此，缺水现象首先反映在城市。中国有 400 多个城市缺水，其中 100 多个严重缺水。全国城市日缺水量达 1600 万立方米，影响 4000 万城市人口的正常生活。北京市人均水资源量不足 400 立方米，是世界人均水资源量的 1/30，在全世界 120 个国家的大都市中居 100 位之后。一方面城市严重缺水，另一方面城市不断发展。用地规模扩大，相应增加了一定地区范围内的硬地率，增大了不透水面积，导致雨水的地表径流增加。径流系数增大，雨水的下渗量、蒸发量减少，反过来又影响了地下水的补给，降低了有效雨量。水体的污染也进一步加剧了城市的缺水问题，并且使得水质下降，城市水体污染程度随城市规模增大而增加。中国长江沿江城市工矿企业每年排放污水 130 亿吨，攀枝花、重庆、武汉、南京、上海五个沿江城市的污水排放量占总数的 50% 以上，形成的"污染带"累计长达 800 公里。城市严重缺水，不仅影响城市经济的发展，也影响城市居民生活水平的进一步提高。中国城市居民日耗水量与世界相比有很大差距，而且这种差距并非区域性的，而是普遍性的。如果不顾水资源缺乏的制约，盲目加速城镇化进程，这种差距必将进一步扩大。

二是大气环境的污染。大气环境污染是城市居民身体健康的潜在杀手。有关研究表明，疾病及死亡率随着空气污染程度的提高而增加。近年来，中国的大气环境质量持续恶化，开始出现雾霾天气。特别是进入 2013 年以来，中国出现了入冬以来持续时间长、影响范围广、强度大的雾霾天气，污染范围涉及 17 个省（区、市）和 40 余个重点城市，影响人口达到 6 亿，对人民群众的身体健康与生产生活造成了严重影响。①

第二节　国外城镇化发展的经验借鉴

一　美国城镇化发展经验

美国是高度城镇化的国家，全国 50 个州，3043 个县（郡），35153 个市、镇（村），城镇化率高达 85%，基本达到了城乡一体化、农村城镇化。美国在推进城镇化的进程中积累了一些成功的经验。

一是建立多层次的城镇体系。美国实行的是开放式城镇化，在城镇化的发展过程中，完全打破区域间的封闭状态。从全国整体出发，采取圈域经济的"都市圈"模式，建立国际性的大都市、全国性的中心城市、区域性的中心城市、众多的地方小城市和中心镇等层次不同的城镇体系，以中心城市为主体，形成大都市圈和城市带。从地区来看，美国

---

① 薛进军、赵忠秀：《中国低碳经济发展报告》，社会科学文献出版社，2013，第 18~20 页。

全国可分为 3 个著名的城市带。东北部城市最为集中，形成一个城市带，这个庞大的城市带北起波士顿、南到华盛顿，绵延 700 公里，宽约 100 公里，都市化程度很高；第二大城市带是从密尔沃基开始，经过芝加哥、底特律、克利夫兰到匹兹堡；第三大城市带在加利福尼亚州，它北起旧金山湾区，经洛杉矶、圣地亚哥直到墨西哥边境。这三大城市带，规模都位于世界前列，许多大城市地区已经连成一片，往往这个城市的延伸部分也是另一个城市的发展部分，卫星城镇和工业区相互交错，已难于分辨城市不同发展形态区域之间的界线。

二是重视中、小城市和中心镇的发展。美国在加强大都市圈和城市带建设的同时，也非常重视中、小城市和中心镇的发展。从城市规模看，城市规模差异很大，从几百人到几百万人都有，但以 3 万～10 万人的城市居多。美国从 20 世纪 30 年代开始，口岸城镇人口的比重显著上升。到 20 世纪 60 年代，美国实行了"示范城市"试验计划，其实质就是分流大城市人口，充分发展口岸城镇。在整个 70 年代，美国 10 万人以下的城镇，其人口从 7700 多万增长到 9600 万，增长了 25% 左右。目前，75% 的美国人生活在口岸城镇。近 30 年发展起来的大都市区、城市圈或由所谓卫星城集中起来的城市带，是大批口岸城镇的集合，而不是靠无限扩张中心城市的管辖范围来实现扩大城市规模的。从城镇化发展道路来看，美国的城镇化没有走"集聚—扩散—再集聚"的弯路，而是依托大城市的辐射影响，着力发展众多的小城市和中心镇，使其逐步形成大规模的城镇连绵群，使得城镇与郊区、城镇与乡村的差异缩小直至消失，各种生产要素处于一种完全开放、流动的状态。

三是城镇化建立在产业发展的基础上。美国在推进城镇化发展过程中，非常重视第一、第二、第三产业的聚集、关联和协调发展，注重城镇产业经济的扩展和升级。一方面，美国非常重视交通、通信等基础产业的发展。美国交通十分发达，航空便捷，洛杉矶、华盛顿、纽约等大城市均有 2～3 个大型飞机场，航班很多，几乎每分钟都有飞机起飞和降落。陆上交通更是四通八达，6、8 车道的高速公路已经成网。可以说，美国已是一个名副其实的汽车王国。另一方面，美国重视第二、第三产业的转换和升级，注重高新技术产业的发展及对传统产业的知识化改造。

四是在强调市场化作用的同时，重视政府的宏观协调作用。美国政府在推进城镇化进程中，主要是为产业的发展和各种生产要素的流动营造一个社会化的市场环境和法制环境。同时，为解决大都市区发展中面临的区域性矛盾和问题，实行了有效的区域协调和管理。其一是市县合并，其二是建立权威的大都市区政府，其三是组建半官方性质的地方政府联合组织。

五是重视教育，培养人才。美国各级政府非常重视教育和人才的培养，不断加大对教育的投入和管理力度。从教育管理上看，除有专门管理公立学校的教育委员会外，还有一些公共服务与治理的区域划分单位——学区。从教育投入看，美国教育投入已从 1989 年的 3530 亿美元增加到 1999 年的 6350 亿美元。目前，教育投资已占美国 GDP 的 7% 以上，在发达国家名列前茅。

二 英国开发欠发达地区的城镇化发展经验

英国开发欠发达地区的城镇化发展经验主要是实施区域开发政策，其基本方针是把失业率高于平均水平的地区确定为需要援助的特别地区，然后采取各种措施促进这些地区的开发和发展。最早的解决办法是1928 年成立的"工业迁移委员会"，鼓励工人从失业多的地区迁移到发达地区。1934 年政府颁布"特区法案"，对 4 个失业率高的地区进行援助。1940 年，英国工业人口地理分布皇家委员会的特区委员向政府提交了著名的"巴洛报告"，提出"工业合理配置"的概念，该报告于1944 年获得通过。1945 年《工业分布法》颁布，鼓励企业迁移到开发区，借以增加落后地区就业机会。1975 年《工业法案》颁布，政府在主要援助区建立开发机构，这些机构以购买公司股份方式支持企业投资。1979 年，提出"选择性地区援助"，援助资金集中在失业率最高的地区。1984 年，英国又调整区域政策：一是提供发展补助和选择性援助；二是给予资金补贴；三是给迁入企业以资金补贴；四是给服务业以地区性补贴。

英国开发欠发达地区的举措主要有以下几个特点。（1）区域开发政策始终把解决落后地区的失业率作为整体目标的出发点，衰退的工业区和边缘区被确定为受援区的标准，这也是以高于全国平均失业率水平的标准来划分的，以此实现区域划分和开发目标的统一。（2）以工业开发、多种形式的补贴和奖励以及对营业费用的捐助作为政府促进区域经济发展的三大手段。（3）对落后区域的开发一直以激励企业的迁入为基础，并且根据最低失业率确定激励程度，更多地使用选择性财政援助，以随时调整政府的区域援助行为。

三　意大利落后地区的城镇化发展经验

意大利的经济发展情况是南方落后北方发达。意大利政府对南方进行开发的过程可分为 4 个阶段。（1）1950～1957 年。这个阶段国家对南方开发的重点是农业和基础设施，目的是增加农业投入和为南方的工业化创造条件，并缓解失业人口带来的压力。（2）1958～1965 年。这个阶段国家对南方开发的重点转向推进南方的工业化进程，奠定南方经济发展的基础。这时开发基金的 70% 用于工业，采取区域开发战略。（3）1966～1975 年。这个阶段国家对南方开发的重点是继续推进工业化，同时促进第三产业，尤其是旅游业的发展，以适应工业化发展的需要。（4）1976 年以后。这一阶段国家对南方开发的重点是发展南方的中小企业，改善其技术设备。改变单纯依靠大企业促进南方的工业化并仅局限于区域开发的做法，使南方的工业企业地方化和普遍化。意大利开发落后地区的特点主要有以下几个方面：一是政府对落后地区开发提供强大的资金支持；二是建立功能齐全的开发机构；三是对经济开发提供优惠政策，有目标地引导经济开发和商品生产的发展；四是组建加工、销售农业生产合作社；五是加强基础设施建设；六是探索南方独特的工业发展道路。

四 日本后进地区的城镇化发展经验

日本的后进地区是山区和一部分人口过疏地区。为了振兴这些地区的经济，从 20 世纪 60 年代到 80 年代，日本先后制定了《山村振兴法》和《过疏地域振兴特别措施法》来促进这些地区的经济开发。振兴目标涉及以下内容：（1）交通设施和基础设施的建设；（2）生产道路和产业基础设施建设；（3）防止水土流失和保护国土建设；（4）卫生福利和文化设施建设；（5）强化中心村庄以及培育适度规模村庄的建设。1961 年日本制定了《欠发达地区工业开发促进法》，1962 年又制定了《新产业城市建设促进法》，这两项法律实际上是 1962 年制定的日本第一个《全国综合开发规划》中所提出的"据点开发方式"的具体体现。通过促进后进地区的工业开发，增加就业、缩小地区间经济差异，以利于国民经济的均衡发展。1972 年日本又颁布了《工业再配置促进法》，该法的主要目的是"促进工厂从工业过度集中的地区向工业开发水平较低的地区转移"。日本开发后进地区的特点主要有以下几个方面：（1）通过立法来保障和促进对后进地区的开发；（2）对后进地区的开发以缩小地区差异为出发点；（3）对后进地区的开发以建设基础设施为重点，并提供优惠政策，以吸引企业进入，并参与经济开发。

五 巴西内陆地区的城镇化发展经验

巴西可分为先进的沿海地区和落后的内地地区。在政府制定的开发内地的战略中，"发展极"理论起了重要作用。在落后地区建立"发展极"，并形成"发展极"网络，从而带动整个落后地区的经济开发。1967 年，巴西政府选择玛瑙斯作为"发展极"来建设，以此带动周围地区的开发。为了建设和发挥"发展极"的作用，巴西政府采取了一系列政策措施。如通过设立各种开发机构指导、组织和实施对落后地区的开发；通过制定和推行各种开发计划和具体政策来实现对落后地区的开发；通过组织落后地区的移民来促进区域经济开发。通过对空旷落后地区的生产性开发，这些地区成为国家经济的有机组成部分。这是促进发展极建设和区域经济开发的重要方面。巴西开发内陆地区的特点主要有以下几个方面：（1）在落后地区建立"发展极"并形成"发展极"网络，通过区域"发展极"的扩散效应带动整个落后地区的经济开发和振兴；（2）在选择"发展极"开发战略对后发展地区进行经济开发时，政府特别是中央政府提供了一系列的组织、计划和政策保障；（3）对达到一定条件的落后地区根据当地条件进行移民式开发。

第三节　对我国西南边境口岸城镇化的启示

首先，西部大开发应以城镇化为动力。以城镇化为动力开发西南地区，是国外开发欠发达地区的成功经验给我们的启示。美国西部开发超越农业开发阶段与城镇化同步，它以城镇为主要依托，利用西部的自然资源，推动区域经济的全面发展。中国西南地区的开发也要有超前意识，不能再重走以农业为基础的城镇化道路，而应根据西南地区的自然条件，发展以工业、旅游业为主体的多元经济。西南地区人口稀少，居住分散，生产效率和效益都偏低，无法进行集约式生产经营。在资金有限的情况下，应集中优势力量建设一批城镇，以此作为西南地区开发的基地和龙头，向更广的范围扩展，推动整个西南地区经济的振兴。发展城镇经济也是规避西部大开发战略面临的内在矛盾的必然选择。一方面，在中国农业结构调整中，退耕还林、退田还草的重点在西部；另一方面，可持续发展战略要求实施全面的生态环境保护。在这样的背景下，开发与环境保护、可持续发展以及农业结构调整之间实际上存在着矛盾。发展城镇经济是减轻自然环境压力、克服生态脆弱劣势和有效利用资源的必然之路。许多学者认为，西部大开发能否成功，关键在于能否在各个地区建成若干具有现代意义的城镇。

其次，加强以交通运输为重点的城镇基础设施建设。美国、日本、意大利等国在开发欠发达地区的过程中，都大力开展以交通运输为重点的城镇基础设施建设。美国先后修成了5条平行的东西大干线，形成了西部铁路网；意大利到20世纪80年代初，南方已建成了现代化的交通和输电网络，骨干公路增加到10.3万公里，南方各大区的城市和主要城镇都已通高速公路；日本也把交通设施和通信设施建设作为振兴目标的首要内容，并投入了大量资金。中国西部现有公路38万公里，其中二级以上的公路2.4万公里，高级、次高级路面11.2万公里。高级、次高级路面比重比全国平均水平低10.3个百分点，高级、次高级路面比重比东部地区低20.8个百分点。不通公路的乡镇452个，占全国总数的76%，不通公路的行政村41530个，占全国总数的45%。自然条件恶劣、交通不便、信息闭塞，成为导致西南地区投资环境不良、产业开发条件欠佳的重要因素。因此，中国西南地区应将基础设施建设作为战略重点来抓，因地制宜、突出协调并适当超前。要以公路建设为核心，全面加强铁路、机场、天然气管道建设，形成联通全国的综合运输体系，扩大西南与东部、西南与西北的运输通道建设程度，实现通江达海，促进西南地区与中部地区、东部地区以及周边国家的联系与交流。据统计，基础设施存量每增加1个百分点，人均国民生产总值可以提高0.86%。这对于西南地区拉动内需和经济增长具有重要作用。

再次，重视城镇生态环境的建设和保护。美国西部开发初期，曾出现严重掠夺式开发问题，草原过牧、森林过伐、土地滥用、洪水泛滥等造成严重的生态环境破坏，付出了惨重代价。目前，中国水土流失面积大都在西南地区，日益恶化的生态环境，极大地制约了西南地区的经济和社会发展。20世纪50年代，四川省松潘县因受泥石流严重破坏而被迫迁址；70年代，四川省南坪县因泥石流危害被迫迁往金顶镇重建；雷波县卡哈洛乡因滑坡而两度迁址；云南省兰坪县也因严重滑坡泥石流被迫搬迁；80年代，碧江县城因两个滑坡难以治理，几经曲折选不到合适新址，最后不得不报经国务院批准而撤销县的建制。在中国西南地区城镇化过程中，应避免"先污染、后治理"的路子，切实加强城镇生态环境的建设和保护，走城镇可持续发展道路。应发挥西南矿产资源的优势，进行有计划的开采；提高可再生资源的利用率，发展与资源相配套的冶炼、石化等重工业，实现产品的深度开发，避免走廉价原料和初级产品的粗放式开发的老路子。本着"谁开发、谁保护"和"谁破坏、谁恢复"的原则，依法保护生态环境。当前，要特别重视工业产值"东迁"、污染"西移"的现象。防止东部原来那些物耗高、能耗高、污染严重的企业和所淘汰的机器设备被西南地区引进，形成实物性的污染转移。

从次，以城镇为增长点带动区域经济开发。美国在长达一百余年的西部开发过程中，曾兴起了一大批层次不同的增长点，既有像芝加哥那样的全国性中心城市，也有像旧金山那样的区域性中心城市。巴西政府选择玛瑙斯作为"发展极"并形成"发展极"网络，带动落后的内陆地区经济的发展。中国西南地区地域空间大，基础设施较差，要在此推行城镇化比较困难。但可以以基础较好的大城市为依托，建立大城市经济区。西南地区的大城市，经济条件比较好，交通较为便利，人文条件较好，它们理当成为西部大开发的大本营和火车头。应该建立以重庆为中心，以成都、贵阳、昆明为副中心的重庆经济区。这样规划的优势在于：一是调整城市产业结构，使中心城市具有辐射作用；二是加大力度搞好城市基础设施，使之成为地区的文化中心、服务中心和娱乐中心；三是加快交通建设，使大城市成为交通枢纽中心，成为外来人员的中转站和落脚点，把它们作为资金投入倾斜的重点，实行优惠政策措施，将其培养成带动区域经济发展的增长极，以推动整个区域经济的发展。

最后，探索我国西南民族地区独特的城镇工业发展道路。美国对西部的开发并不是全面开发，而是在不同的时期各有所侧重。第二次世界大战前，美国在西部开发的军事工业使得大量的国防开支流入西部，带动了西部经济的增长。第二次世界大战后，西部形成了以高科技产业为支柱产业的经济特色。意大利在南方也走出一条独特的工业发展道路，以发展北方没有的新产业，来改变经济上与北方竞争和对抗的局面。中国西南地区城镇工业发展绝不能简单地保护传统产业，更不能重复建设，而是要向世界潮流和先进水平进发，把西部大开发的过程当成城镇经济结构调整的过程。例如，在发展采矿业的同时，再发展果蔬业、畜牧业及对外贸易。西南地区可根据不同的地理和气候条件，不同的资源和物种特点，以市场为导向，大力改造和提升传统产业，积极开拓新兴产业，建立具有发展前景的特色经济和优势产业。如云南 20 世纪 80 年代以来成功培育烟草支柱产业，90 年代中期开始培育生物、矿业和旅游业三大支柱产业。西南地区具有历史文化知名度的景点很多，我们应该让这些优秀的文化遗产和景观造福人类，旅游部门可利用宝贵的人文资源发展旅游业。西南地区的旅游业，可以成为"景点标准化""导游透明化""长途旅游趣味化"的国际一流水准的旅游线。

第六章 西南边境口岸城镇化发展的思考

第一节 西南边境口岸城镇化发展的战略定位

作为较为落后区域，西南边境口岸的城镇化发展需要立足于全局来进行观察。总体来说，需要坚持用总量平衡和结构平衡来促进生产力的发展。在总量和结构问题上西南民族地区存在的问题比较明显：一是规划的经济增长率过高，有的地区的经济增长率规划目标达 15% 以上，可持续性差，存在高速低质的问题；二是存在"局部过热"的问题；三是产业结构、行业结构、产品结构、城乡结构、市场结构等都存在不同程度的问题。所以，西南边境口岸城镇化建设在统筹发展的战略组合上首先必须解决好总量和结构的问题，注意各领域发展的协调和平衡。

一 边境口岸城镇化发展的空间布局

（一）用科学发展观指导宏观决策

首先，要坚持以比较优势和地方特色开发来保证现代生产力的发展。每个地区都有自己的能量优势和能量劣势，能量优势和能量劣势从来都是综合结构性的，而不是单一结构性的。从实践意义上看，组成能量的要素很多，但最主要的有地区资源存量、资本供给能力、技术结构、人才状况、管理机制、产品特色、环境质量等。在选择地区发展战略时既可以选择综合发展模式，也可以选择相对比较单一的发展模式。具体要根据特定的能量结构来制定决策，不能搞一种模式，要有选择的重点，扶持以特色能量为基础的新产业、新行业和新技术。

其次，要坚持用区域发展与区域均衡的态势来保证现代生产力的发展。统筹区域发展就是要保证区域之间发展的均衡状态。在这方面我国近年来采取了一系列政策和措施，如东西合作示范工程、东西对口支援、东部向西南的产业转移、西部大开发战略等。但区域不均衡的现象仍然存在，特别是西南地区。这些问题的存在要求我们在制定决策的时候必须从全局出发，把区域发展与区域均衡结合起来，不能只顾区域发展而不顾区域均衡。

再次，要坚持用国内发展与国外发展的配合来保证现代生产力的发展。2002 年我国的市场化程度已经达到 70%，这表明我国的经济发展整体已经进入国际经济发展的循环圈，但边境口岸地区的市场化程度却远远低于这一整体水平。因此，边境口岸地区在未来的发展过程中要特别把握好国内发展与国外发展之间的关系，过分主张外向型发展不利于内外平衡。例如，到 2016 年底，我国的外汇储备余额达到 4033 亿元，位居世界第二；中国全部金融机构的本外币各项存款余额达到 22 万亿元，其中城乡居民存款余额 10.4 万亿元，银行的存贷差也有几百亿元；2003 年全国新批准设立外商投资企业 41081 家，合同外资余额 1150.7 亿美元，实际使用外资余额 535.05 亿美元；我国的境外投资却不足 500 亿美元。这些情况说明，我国急需调整国内发展与国外发展的关系，在资本引进、廉价创汇、激活内资、扩大境外投资等方面应采取新的举措。

最后，要坚持用能量保护与能量互补的对策来保证现代生产力的发展。根据统筹发展的战略宗旨，不仅要大力提倡保护资源和环境，也要大力提倡保护能源、保护人才和保护竞争力。在资源和能源的开发过程中要坚决制止无计划开发和非法开发的行为，对实行竭泽而渔做法的地方要坚决严惩。

（二）边境口岸空间格局的规划

边境地区是经济发展相对落后区域，尚未跟上西南经济发展和城镇化的步伐。要想促进边境地区的发展以及边境地区对腹地的带动作用，仅仅靠自身的努力是远远不够的，还必须通过各级政府的引导，依托一定的中心城市，把边境口岸、边境农场、边境城镇与腹地城镇作为一个相互联系的有机整体才能实现。

依据西南边境城镇的空间设置和城镇的自然环境条件，笔者认为该体系应依据点轴发展理论思路构建。把边境口岸、边境城市、腹地城镇作为一个相互联系的、以发展外向型经济为目标的有机整体。依照"重点突破、纵深配置"思路，形成以口岸、经济合作区为"触角"，以边境城市、骨干城市为节点，以区域核心城市为重点的边境城镇体系。

边境城镇体系的空间组织以不同层次的增长级和发展轴将西南主要边境开放开发城市连为一个整体。增长级分为四个层次：第一级为核心城市拉萨、昆明、南宁；第二级为节点城市，分别为日喀则、曲靖、玉溪、大理、红河、梧州、贵港、柳州、来宾、崇左、百色；第三级为边境城市，分别为瑞丽、东兴、凭祥等；第四级为边境口岸，分别为河口口岸、磨憨口岸、龙邦口岸、水口口岸、吉隆口岸、日屋口岸、亚东口岸、普兰口岸等。在国家城镇体系规划确定的以"一带、七轴、多中心"为骨架，大中小城市协调发展的城镇空间结构中，西南边境地区是较为缺乏发展轴线与增长极的地区之一。云南滇西地区的 214 国道线应当成为国家城镇发展空间结构后方的重要发展轴线。作为这条发展轴线的核心，大理城市群应当成为引领西南边境地区经济振兴的战略节点。

由此，今后口岸城镇化职能发展的总体布局应立足于发挥边境和口岸优势，有重点地推进口岸城市职能向多样化、专业化、规模化发展，提高对外开放水平，促进口岸和沿边地区经济一体化，实现口岸兴边。以"三边"（边贸、边旅、边合）为突破口，依托各自口岸过货类型，建立产品出口加工区和贸易区，发展制造业、加工业、物流业和服务贸易，加快口岸城镇化进程。

重点口岸呈现多元化发展态势。口岸开放初期，以通关过货为主，吸引了众多商家来口岸做进出口贸易。通关业务带动了贸易行业的发展，贸易行业的发展又促进了口岸过货量的增长，二者相辅相成。口岸过货量的逐年增长和口岸功能的不断完善，使得贸易行业、加工业、运输业、旅游服务业等第二、第三产业不断发展壮大，形成了以通关为基础，多产业齐头并进、共同发展、相互促进的区域经济发展格局。口岸贸易结构变化较为显著，由中亚国家进口大量的废旧原材料和大型机械设备，逐渐转向进口多元化的化工产品、钢材、原油、各类矿石等；出口在以往轻工业品基础上，也转向焦炭、石油、钢材和有色金属、矿物性建材、化工产品、工业机械、集装箱等。进出口产品类型呈多元化发展，进出口结构逐渐得到改善。例如，目前畹町公路口岸、凭祥铁路口岸和友谊关公路口岸等口岸的职能开始由单纯的口岸贸易、运输向旅游、产品加工等转变。东兴公路口岸的商品房和别墅区建设是房地产业发展的集中体现。瑞丽公路口岸的旅游业发展迅速，到口岸参观、考察的人日益增多，口岸准备在条件许可的情况下开通到边境国家的边境一日游。这些都在一定程度上说明了口岸将改变单一的口岸过货和运输职能。在发挥口岸优势的基础上，利用口岸的区位优势和口岸在土地、税收上的特殊政策，针对口岸进出口货物的主要种类，发展前后向产业链，向多样化方向转变。其他口岸也出现了职能多样化的发展态势，只是规模仍然较小、程度仍然较低。

二 边境口岸城镇化的建设重点

缩小东部和西南地区的差距，加快西南地区的发展，促进边境口岸城镇化发展，建设战略至关重要。开发西南地区，首先要确定区域性中心边境城镇优先发展战略，即要通过发展区域性中心边境城镇的经济，促进中心城市的功能开发，强化其对周边地区的聚集和辐射作用，带动一定区域内经济的发展。

（一）区域性中心化发展战略

区域性中心边境城镇优先发展战略符合实现共同富裕的精神。党中央指出，我们坚持走社会主义道路，根本目标是实现共同富裕，然而平均发展是不可能的。过去搞平均主义，吃"大锅饭"，实际上是共同落后，共同贫穷，我们就是吃了这个亏。改革首先要打破平均主义，打破"大锅饭"。①区域性中心边境城镇优先发展战略，正是邓小平同志共同富裕思想在推进西南地区发展中的延伸和体现。

区域性中心边境城镇优先发展战略是可行的。我国改革开放以来的经济发展模式，总体上都是非均衡发展战略的体现。20世纪80年代初中央设立经济特区时，经济特区均不是区域性的中心城市。经济特区的主要使命是"杀出一条血路来"，冲破计划经济体制的束缚，为建立社会主义市场经济体制提供经验；通过设立出口加工区，主动承接当时世界经济的产业外移，积极参与国际经济大循环。经过多年的建设与发展，我国的经济特区已成为推动一定区域经济发展的中心城市，成为经济增长的"发展极"，在推进区域经济的发展中起到越来越重要的作用。如深圳成为珠江三角洲区域经济发展的龙头，汕头成为潮汕地区经济发展的龙头，厦门也已经成为闽东南区域经济发展的龙头。90年代初，中央决定把上海浦东作为全国改革开放的重中之重，对其发展加以扶持，使上海成为长江流域乃至全国经济发展的龙头。总之，通过优先发展区域性中心城市的经济，带动相关区域经济的发展，是我国推进全国经济向前发展的重要模式。今天，这一模式仍然适用于加快西南地区的发展。

因此，要优先发展西南地区区域性中心边境城镇。从目前的实际情况出发，要实现全面均衡的发展，实行完全相同的经济发展政策，是不现实的。在完全相同的发展政策下，自身资源经济发展条件不尽相同，会导致不均衡的发展结果。因此，优先发展区域性中心边境城镇，是解决西南边境口岸城镇化发展不平衡的根本出路，也只有通过发挥中心城镇的"发展极"的作用，带动周边地区的发展，才能促使区域整体经济迈上一个新台阶。实施西南区域性中心边境城镇优先发展，有利于西

---

① 《邓小平文选》第三卷，人民出版社，1993。

南地区的对外扩大开放和加快东部与西南地区经济联合。区域性中心城镇由于地理、人才、信息以及市场等方面因素，与东部或境外资本合作的条件较为成熟。通过优先发展地域性中心城镇，能更好地实现外资与东部的资本、技术和管理经验以及西南地区丰富的自然资源、人力资源的有效结合。从这一意义上讲，西南区域性中心边境城镇优先发展，也为东部更好地完成中央的扶贫任务，为促使东部与西南相对落后地区的经济合作提供了一个良好的机会。

（二）优先发展边境口岸城镇

选择好区域性中心边境城镇，是西南区域性中心边境城镇优先发展的基础性工作。笔者认为，区域性中心边境城镇大致要具备以下几个条件：第一，已经具有一定的经济实力，交通条件相对较好，与周边具有较大关联性的城镇；第二，目前经济规模较大，已是边境地区经济、文化发展中心的大中城镇；第三，对西南地区整体的共同繁荣与发展有利且经济尚有较大潜力的城镇。

据此，要完善实现区域性中心边境城镇优先发展的政策措施。政策措施是实现区域性中心边境城镇优先发展的制度保证。第一，赋予区域性中心边境城镇较大的经济管理权限。一个地区的经济管理权限的大小，在一定程度上会影响整体经济的发展。国家为了加快西南地区的发展，已经将重庆设为直辖市，希望通过扩大其经济管理权限，加快带动长江上游地区经济发展。因此，区域性中心边境城镇优先发展战略，就是要赋予这些城镇较大的经济管理权限，使之能在较短时间内加快经济发展并带动周边地区的发展。具体而言，主要是要赋予区域性中心边境城镇较大的外资引进审批、企业管理、土地审批等权限。第二，允许在一些领域里进行先行先试。超前试验，对于沿海特区是必要的。对于西南地区来讲，也是完全可行的。要有效地促进经济的发展，调动各方面的积极性，必须大胆改革、积极探索、先行先试。因此，对于区域性中心边境城镇，应赋予较大的改革试验权，通过积极而又稳妥的试验，摸索出一条适合西南边境城镇发展的新路。第三，国家在西南地区生产力布局方面，应优先考虑西南区域性中心边境城镇，促进其经济快速发展。要把西南地区资源开发和基础设施建设项目优先放在西南区域性中心边境城镇，作为全国性基地的西南地区资源开发项目，国家也要对西南区域性中心边境城镇实行投资倾斜。第四，国家要有重点地加强西南地区特别是区域性中心边境城镇的交通建设。交通建设投资大、回报周期长，单由相对落后的西南地区特别是区域性中心边境城镇承担建设任务，具有一定的难度。为了加快推进西南地区经济发展进程，应由国家牵头组织和投资，改善区域性中心边境城镇交通状况，保证物资、人才以及资金的流动更加顺畅。

（三）边境口岸优先发展的重点

1. 转变思想观念，提高居民的整体素质。思想观念转变对于经济发展具有重大的促进作用。从中国经济特区发展的实践来看，经济的发展、思想的解放与观念的更新是同步的。因此，作为西南地区特别是区域性中心边境城镇，要以"发展才是硬道理"以及"三个有利于"作为准绳，大胆地试，大胆地闯，建设和培育适应社会主义市场经济发展的市场、人才等，有效地促进经济的发展。与此同时，为了增强经济发展的后劲，要把科技教育放在十分重要的位置，树立"今日的教育，就是明日的生产力"的观念。加大教育事业的投入，培养一批高素质的劳动者，进一步提高人们的思想、文化素质，为经济的持续发展提供良好的条件。

2. 坚持开放与改革并重的原则，实现开放与改革的良性互动。中国经济特区发展之初，主要是通过对这些特区实施优惠政策和灵活措施，大力吸引外资和发展对外贸易，并促进经济体制的转变。中国经济特区在20世纪80年代的实践主要遵循"开放促改革"的发展模式。目前，我国的经济特区仍然需要深化改革，要通过改革促开放。中国经济特区的实践，为西南地区特别是区域性中心边境城镇的发展提供了经验，即要坚持开放与改革并重的原则，实现开放与改革的良性互动。在对外开放方面，一是要充分利用外资看好中国内地潜在的广阔市场，加快对西南地区的投资这一发展契机，通过让产权、让市场、让股份的方式，强化项目包装，促进外资到位率的提高，推动引进外资工作更上一个新台阶。在引进外资的策略上，应切实加强欧美地区以及日本等国的外资引进。二是要构筑区域性优势的产业和产品，实施名牌产品工程，提高出口商品的附加值，增强产品的国际竞争力，促进对外贸易的快速发展。三是要通过在境外设立企业、发展劳务输出，使区域性中心边境城镇能够直接参与国际分工和竞争。在改革方面，主要抓好国有企业、外贸体制，理顺外资引进机制以及社会保障制度等方面的改革，创造较为良好的适应开放和市场经济发展的体制环境。在抓好国有企业改革的同时努力发展非公有制经济，保证劳动力充分就业，维护社会的稳定。

3. 切实加强与东部地区的经济合作，推进东部地区、西南地区经济共同发展。西南地区经济发展的重要动力就是大量资金的投入，通过资金的投入促使西南地区产品走向全国和世界。西南地区特别是区域中心城镇，要在毫不犹豫地引进境外资本的同时，做好资金技术的引进工作。目前，东部地区劳动力、土地资源价格昂贵及市场空间相对较小等因素已经成为制约其经济进一步发展的瓶颈，而西南地区在这些方面均具有明显的优势。因此，西南地区和东部地区都有责任进一步探讨双方加强经济合作的途径和方法。以往的合作更多地停留在领导互访、干部交流上，经济合作也仅限于流通领域。这些是必要的，以后还要进一步加强，但更为主要的是要通过经济的手段，使双方的合作建立在互利互惠、优势互补、平等合作的基础上。一是通过西南地区或东部地区的大型招商会或说明会等形式，加深东部和西南地区对彼此之间的了解，增强西南地区对世界市场的了解，为进一步推进各种形式的经济合作提供可能。如西南地区通过参加中国进出口商品交易会等，加强与东部地区企业和外商的接触，逐步推进经济合作；东部地区通过参与在西南地区召开的中国东西部合作与投资贸易洽谈会等大型的经贸活动，进一步探讨双方合作的途径。二是采取兼并、收购、参股、控股等经济合作的方法，实现东部地区与西南地区优势互补。特别是东部地区和西南地区较具优势的企业，应通过以上几种形式，与西南地区或边境较具劣势的企业，实现双方资本的联合。三是在条件许可的情况下，大力推动"东、中、西"的经济合作模式。西南地区特别是区域性中心边境城镇可以采取产业转移投资，开展优势资源供应链合作。积极探索利用东部地区资源及外资，改造国有老企业。四是西南地区要实行"两点一线"的发展战略。即以产品加工、贸易、科技成果、资金和其他资源为纽带，充分利用特区的"窗口"和口岸功能，实现区域性中心边境城镇与沿海开放城市、国际市场连成一线，增强西南区域中心城镇经济的外向度。五是通过发展内贸，促进西南地区商品走向东部地区或走向世界。六是通过互设办事机构，传递市场信息，促进东部地区与西南地区的合作。目前应做好东部地区在西南地区设立办事机构事宜，为东部地区企业进入西南地区创造必要的条件。

4. 把完善基础设施建设作为重中之重。发达国家、我国经济特区以及沿海开放城市促进经济发展的重要经验之一，就是把完善基础设施建设作为对外开放的重要途径，使之适度超前于经济的发展。因此，西南区域性中心边境城镇应着力抓好区域性交通如高等级公路、高速公路或是铁路甚至是机场的建设。与此同时，可以采取国家投资、集资或目前国际通行引进外资的 BOT（建设—经营—移交）、TOT（移交—经营—移交）等融资方式，加快基础设施建设，同时下大力气抓好通信、供水、供电设施建设，使之成为经济发展的重要载体。

5. 积极推进区域性经济合作。以优势产业、优势产品为龙头，促进资产结构重组和优化，大力发展跨地区甚至跨区域的企业集团，推进区域性经济合作。首先，要切实加强区域经济合作意识。从目前世界经济区域化、集团化、市场化和一体化以及我国经济发展的趋势看，要提高整体经济的实力和竞争力，必须走区域经济合作的路线，否则就可能在未来的市场竞争中处于劣势。因此，要从当地实际情况出发，利用当地的资源优势，大力发展优势产业和产品，发展区域性或跨区域的企业集团，壮大经济实力，提高产品竞争力。西南地区旅游资源丰富，其风土人情、自然风光具有吸引力，具有发展旅游业的良好条件。旅游业作为一个产业群的核心，又对相关产业有显著的带动作用。因此，中心城镇在抓好其他经济领域建设的同时，要下大力气抓好区域旅游合作，使之成为带动相关产业发展的新经济增长点。

6. 切实加强城市建设，构建一个功能相对完善的现代化城镇。一个良好的规划对于城镇未来发展具有十分重要的促进作用。区域性中心边境城镇现代化建设的基本前提是要站在"中心"的高度来谋划与指导城镇建设，把城镇规划、建设与管理建立在较高的质量标准和发展要求上。因此，一要突破城镇的"板块"限制，把周边地区辐射半径内的诸多因素和发展要求统筹起来，综合考虑城镇的建设与发展。二要具有内在的超前意识。中心城镇的带动效应，源于其超前的建设与发展。要把进一步强化中心城镇地位、发挥其应有的中心作用、保持中心城镇建设与发展的适度超前作为一个重要战略问题加以考虑，促进中心城镇与周边地区的协调发展。三要进一步强化服务意识。作为中心城镇，既要服务于本城镇发展的需要，又要考虑对周边地区辐射服务功能的开发。要通过建设较具规模的生活资料和生产资料批发市场，使区域性中心边境城镇成为一定区域内的商品集散中心。与此同时，要大力发展金融、商业、咨询等第三产业，强化中心城镇的服务效能。

三 边境口岸城镇化的发展目标

在现有新型城镇化发展过程当中，农民进城打工、进入乡镇企业"就地消化"等对农村剩余劳动力转移所起的作用非常小。20 世纪 80年代，全国乡镇企业平均每年吸纳的农村劳动力为 1084 万人，90 年代下降为年均四五百万人，西南地区农民进城数量也有减少。这说明，西南地区农村剩余劳动力的转移对西南地区的城镇化并没有起到太大作用。要加快西南地区城市化和农村剩余劳动力转移的步伐，依据现有的"合理发展中等城市和小城市"的思路，走大、中、小城市及口岸城镇协调发展的路线，坚持多元化的城市和城镇发展方针。以下从城市功能与作用出发来看西南地区城市化发展的思路。

（一）更好地发挥大城市在国民经济和区域经济中的作用。大城市是国民经济发展的主导力量和区域经济增长的中心，对周围地区有强大的聚集作用和吸引作用，能够把周围地区的人、财、物吸引和聚集到城市，为城市周围地区的人、财、物提供广阔的市场。大城市对周围地区还有强大的辐射和支援作用，对周围地区具有较强的中介作用和调节作用。大城市始终是国家或地区的经济社会信息聚集的中心，在国家或地区中发挥中转和信息交流以及调节的功能。所以，充分发挥大城市的作用，是推进我国城镇化和发展城镇体系的核心。大城市发展，必须从适度扩大规模和优化内部结构、完善基础设施等方面来提高经济区位优势，突出和增强中心城市的综合功能。如在西南地区，要通过基础设施建设、科技创新及产业结构升级和调整，强化昆明、南宁、拉萨等城市的综合功能，将其变成各省区及周围地区的经济文化中心。同时，将其中几个有条件的城市建设成为具有国际影响的商贸、文化、科技、教育、金融、旅游中心，使它们能够成为西南地区传播经济信息和高新科技、吸引外资及融通国内资金的枢纽和经济能量聚合裂变的加速器。通过乘数效应和涟漪效应，带动周围地区中小城市群体及农村经济的发展。

（二）形成大城市的卫星城市群。通过创办高新技术产业开发区或民族经济技术开发区等途径，合理布局中小城市，使每个大城市周围50~100公里左右能分布3~5个中小城市作为其卫星城。卫星城市与中心城市的关系是辅佐与带动的关系。在产业上，卫星城可以发展中心城市的产前产后配套产业，形成完整的产业链；在科技方面，卫星城可以承接中心城市的高新科技的辐射和产业结构升级后的技术转让；在社会与群众生活上，卫星城是中心城市主要产业及其名牌产品的扩散带和二级市场。

（三）大力发展口岸城镇。大力发展口岸城镇是推进城镇化和发展城镇体系的关键。我国对口岸城镇在国民经济中地位和作用的认识，经历了由"口岸城镇——大问题"到"口岸城镇——大战略"的过程。发展口岸城镇,不仅是打破城乡二元经济结构,从根本上解决农业、农村和农民问题的重要举措,而且是推进中国城镇化的重要途径和关键环节。我们要结合西南地区农业产业结构调整、"山川秀美工程"的实施和农业产业化、商品化的发展,扶持发展县级小城市和中型口岸城镇的建设,以解决城乡差距、工农差距、农村过剩劳动力等深层矛盾。西南地区各级地方政府要把口岸城镇建设纳入国民经济和社会发展的中长期规划之中,着眼于20~30年的建设周期,合理布局、精心策划。通过凝聚工商企业来集中适度规模的人口,带动小城市经济的发展和市容、市政及基础设施建设,使其逐步发展成为大中城市经济辐射的接续地带和为大中城市产业与生活服务的基地。通过小城市、口岸城镇建设,探索出一条城乡一体化、农村城镇化、农业产业化和工业化的新路子。

农村城镇化与城市化是紧密相连的。目前我国农村的村落仍基本建立在最初的自然村落基础上,适合小农经济和个体手工业的生产方式。不管村子有多大,在经济结构上还是以农业收入为主;不管村子中有多少人出去打工或做生意,这个村子也仍是农村,其基本生活仍依赖农业收入。外出打工或做生意的目的多是补充农业生产投入的不足或贴补家用。即使个别家庭因外出打工或做小生意富了起来,不管他有多富,也丝毫没有提升他的农业生产力。调查表明,现在富起来的农民,很少有依靠种地发家的。农村生产力的发展速度很慢,有的地方现在仍保持着原始的手工生产方式。一些现代化的大型农业机械,未能在农村展开使用,现代化的农业技术也很难推广开来。与此同时,"一家一户"式小农经济思想根深蒂固,土地集中化在农村很难实现。"再难,也不能丢了自己的土地",这是中国历史几千年的积淀,一时之间是不可能改变的,而外出打工和做生意却不是每一个农民都能有条件做到的。最好的办法是,使他们能在本地开展第三产业,从而带动文化的发展,反过来促进农业科技的传播,这就是城镇化。

城镇化还有一个好处,就是缩小城市与农村的经济差距,为城市工业发展服务，把城乡联系起来。近年来，农村人口增加速度较快，20年前的一个五口之家现在已经分为两三个家庭。每分出一个家庭，都要另建家园，大量土地被农家住房所挤占。20年前二三十户人家的村子，现在已经发展到八九十户，村落的面积越来越大，人均占有土地越来越少。而城镇化的发展，可以用现代城市的住宅模式（向高空发展的楼房）代替横向发展的农村住宅模式，节约土地。

四　边境口岸城镇化建设的基本思路

（一）用科学发展观指导战略选择

统筹全面规划与均衡发展。统筹发展必须是有序的发展，必须是有规划的发展。这是因为现在的投资规模无论是政府还是企业都很大，一旦投资落空其损失是巨大的。这就决定了投资不能有大的失误，必须做好前期的规划。做好区域发展规划的注意事项很多，最主要的是要做好以下五点：一是保证各产业之间的发展平衡；二是保证各地区之间的发展平衡；三是保证城市与农村之间的发展平衡；四是保证投入与产出的平衡；五是保证财政收入与财政支出的平衡。

统筹口岸城镇企业改革与产权交易。目前西南边境口岸企业改革的重点有三个：一是省属国有企业的改革；二是下放国有企业管理权；三是改制国企的机制。统筹企业改革和建立产权市场必须抓好以下工作：一是以转变企业经营理念为核心，牢固树立市场意识、标准意识、品牌意识和资本运营意识；二是以转变企业经营机制为中心，真正把企业推向市场；三是以转变企业管理体制为根本，改善企业管理，提高企业效益；四是以转变企业发展目标为目的，真正以实现利润最大化为最终目标。

统筹市场建设与服务体系。近年来西南地区的市场建设步伐比较快，不论是中心城市还是市县，都建设了许多种不同的市场类型，但运行效果并不十分理想。其原因主要是市场的规模普遍比较小，各类市场之间的内在联系比较薄弱，市场对地方经济发展的带动作用不大。因此，今后的市场建设必须与市场的服务体系建设结合起来，加强各类市场之间联络机制的构造。同时要特别把农村社会化服务体系的建设放在重要位置，其主要方面有以下四点：一是要大力发展多种形式的专业合作组织，政府要提供政策和资金支持，扶持农民建立专业合作社、行业协会；二是要鼓励城乡各种力量投资农业合作组织和协会的建设，形成科研、生产、销售、服务一体化生产链；三是要加快供销社的业务转型步伐，扩展农业社会化服务体系；四是要完善农产品市场体系，放开粮食收购市场。

统筹项目建设与区域发展。用重大项目建设带动民族地区的经济发展是一项重要战略决策，关系到今后民族地区中长期的发展大局，一定要抓紧抓好。做好项目建设工作必须重点解决好以下几方面的事情：一是要进一步提高对项目建设重要性的认识，不抓项目就没有发展；二是要明确项目选择的标准，如经济增长标准、就业扩大标准、科技进步标准、产业转型标准和生态环境标准等；三是要建设好项目平台，建设好各类开发区和园区；四是要完善项目运作机制；五是要建立一体化的项目建设的管理体制；六是要把项目建设与推进农业产业化、开发比较优势、参与国际市场大循环等结合起来。

统筹政府决策与战略管理。统筹发展必须有制度、体制、机制和政策的保障，必须提高政府的决策和战略管理水平。近年来民族地区在土地、流通、税费等方面进行了一系列改革，但同时也要看到，城乡改革仍然面临许多深层次的矛盾和问题。如城市管理比较混乱、农村的土地制度不规范、农产品流通体制不顺畅、农村社会化服务体系不健全、农业支持体系不完善、乡镇企业难以走上规模化和集团化发展道路、民族地区的贫困现状改变不大等，这些问题都需要政府努力解决。所以政府各部门和各单位不仅要彻底落实机构改革的任务，而且要转变决策观念，提高决策水平，提升服务质量，加强对国家级和省级重大建设项目的管理和监督，促进民族地区经济与社会事业的健康发展。

（二）边境口岸城镇化的发展趋向

1. 边境口岸城镇应发展成为农村工业化的载体。从农村经济结构来看，西南地区农村同东部发达地区农村经济发展方面的差距主要在于乡镇企业方面。20世纪90年代以来，东部沿海地区每年乡镇企业的产出均占当地国内生产总值的份额在70%以上，而西南地区乡镇企业的产出占当地国内生产总值的份额一般在30%以下。从理论上讲，在工业化过程中，从事工业生产活动的企业在地理上必须趋于集中才能获得集聚效应和规模效应，而第二产业的发展要求与为之服务的第三产业相协调，由此加快城市化进程。农村工业分散化的空间结构本身很难产生集聚效应，而口岸城镇建设滞后又进一步制约了农村工业的发展。因此，要利用开发西南地区的机遇，加快工业园区、商贸园区建设，打破过去相对分散的格局，以促进设施共用、市场共育，提高土地矿产和环保等资源利用率。据专家测算，将乡镇企业集中到工业园区，其交通、土地费可节约20%，基础设施可节约30%，就业能力则可扩张50%。可见，西南地区农村工业的进一步发展必须实现空间结构转换，由分散化、小规模、数量式扩张的发展模式向集聚化、适度规模、质量提高型发展模式转换。

2. 西南边境口岸发展要以实现经济市场化为目标。西南地区农村同东部发达地区农村的差距表现在诸多方面，但从市场体系的空间布局来看，主要在于市场网络体系中居于基础层次载体的口岸城镇建设落后。这不仅导致西南农产品商品率低，农民缺乏趋利意识，而且不利于充分利用市场机制实现对农业和农村经济结构的战略性调整，制约农民收入增长。扩大国内需求，开拓国内市场特别是农村市场，是我国经济发展的基本立足点和长期战略方针，启动西南地区农村消费最现实、最根本的途径就是发展口岸城镇。西南地区要以实现经济市场化为目标，以开发农村市场为主要内容着力发展口岸城镇，使之成为经济市场化的重要载体和依托，并为实现城乡一体化奠定空间基础。

3. 西南边境口岸城镇化建设必须以口岸城镇化为核心和重点。农村现代化建设必须以农村城镇化为核心和重点，其实质就是要大力发展口岸城镇建设。在目前大城市人口密集，供电、供水设施不足，住房相对紧缺的情况下，通过在农村发展第二、第三产业，建设口岸城镇，让口岸城镇吸纳农村剩余劳动力是一条有效途径。这样可以降低农村边民盲目涌入大中城市的风险和成本，缓和现有大中城市就业压力。目前，西南地区众多剩余劳动力流向了东部沿海地区，但这只是劳动力的暂时性转移。农村城市化只能走自我发展的道路，即创造一个具有城市性质的空间——口岸城镇，通过口岸城镇吸纳农村劳动力，其成本明显低于大中城市吸纳农村人口的成本。同时，口岸城镇是比较适合边民的生存和发展空间，若直接进入大城市，他们在思想观念、生活方式上将很难适应。

（三）边境口岸的城镇化发展

口岸城镇建设并不是单纯解决边境口岸城镇化发展过程中关于农村发展的某一个问题，它关系到农村经济、社会发展的全局，关系到农村发展的方向和目标，是一项系统工程，具有综合性、区域性、复杂性、长期性等特点。在寻求发展途径的过程中，必须对其发展的现状特征和存在的问题进行深入研究、科学分析，找准切入点和突破口，制定合理科学的发展政策。

1. 科学规划，统一建设。科学的口岸城镇规划，应当同本地区经济社会发展战略及长期规划相衔接，更应成为地方发展战略及长期规划的一个重要组成部分。局部的口岸城镇发展规划又应当同上一层次的更大范围的口岸城镇发展规划相衔接。此外，还要注重全面协调原则，既包括经济、社会、环境的协调，第一、第二、第三产业的协调，各个产业与基础设施的协调，物质文明与精神文明建设的协调，也包括区域之间的协调，如中心城镇与周边村镇及区域内其他口岸城镇的协调等。在相当长的一段时期，由于种种原因，有的地方口岸城镇根本没有制定规划，或规划本身缺乏足够的科学性和合理性；有的地方只注重规划的制定而缺乏严格的执行，造成口岸城镇发展和区域发展脱节，城镇之间也无法形成优势互补或规模经济。因此，应由政府部门对口岸城镇进行统一规划，对工业小区的选址、发展方向进行科学论证，协调好生产与生活的关系。在规划实施过程中，要坚持基础设施先行的原则，做到统一征地、统一开发。要抓好口岸城镇产业小区建设，对于中小企业和乡镇企业的发展要依据集中布局、连片发展、形成规模、产生集聚效应的理论，并通过垃圾和污水的集中处理，提高口岸城镇的环境质量，使口岸城镇建设做到适度规模、合理布局、节约土地、保护环境、面向未来。

2. 突出特色，科学定位。现代区域经济的发展，首先应立足主导产业的成长。口岸城镇在产业选择上要强调资源禀赋与市场比较优势的结合，既充分发挥自身优势，又要注意与农村和城市产业互调互补，充分评估市场潜力、产业优势度、产业规模、产业关联度等重要指标，选择具有区域特色的主导产业。在口岸城镇发展过程之中应着重突出以下产业：为农村服务的产业、城市短缺型产业、城市互补型产业、立足于口岸城镇自身资源优势并有良好市场前景的特色产业。

3. 人才及户籍政策的配套。到目前为止，城市部门的劳动用工制度、教育制度以及社会保障制度，使部分务工人员建设积极性不高。应改革体制，使进城农民能普遍享受与城镇居民同等的就业、受教育、社会福利等方面的待遇。就目前情形而言，人才市场上有些用人单位明确要求应聘者须具备城市户口，这些要求严重损伤了农民进城的积极性。从历史上看，城乡隔离的政策主要体现在城镇户口与农村户口的区别上。因此，引导乡镇企业向口岸城镇集中，农村剩余劳动力向口岸城镇转移，首先要制定有利于城乡人员流动的户籍政策。要通过对有关制度的创新和突破，吸引人才到口岸城镇安家落户，为西南边境口岸城镇化的发展和经济增长做出贡献。

4. 提高人力资源素质，促进经济增长。人力资源素质及其受教育水平是口岸城镇繁荣和发展的基础。部分农民一般在迁徙之前，都要先找到工作再做出在何地定居的决定，而受教育水平不仅妨碍了他们找工作，也使他们缺少参与城市就业竞争的信心。这部分农民即使进入城市，由于缺少必要的培训，往往也只能从事简单的工作。在就业竞争中，他们与城市居民相比几乎毫无优势可言，并且时刻面临被竞争者替代的风险。若是经商，他们又缺乏必要的经营管理能力和风险分析能力。因此，要把提高农民素质作为口岸城镇经济增长的首要任务。从目前看，农村经济增长方式是粗放型的，乡镇企业主要的经济增长方式也是粗放型的，要促使其由粗放型向集约型转变，关键是实施科教先行和人才自由流动政策，提高广大农民的受教育程度和人力资源素质。

第二节　西南边境口岸城镇化的建设路径分析

一　西南边境口岸城镇化的制度体系构建

我国西南地区的情况不同于东部和中部地区，西南地区内部各地的经济结构、发展阶段、区域布局和人口扩张方式与后两者有着不同的特点。这些区域特征，决定了西南地区的城镇化不宜简单照搬东部和中部地区的做法。虽然城镇化是经济社会发展到一定阶段的必然趋势，但是城镇化普遍规律的具体实现形式，与特定区域的自然、经济和社会特征相结合，会呈现多样化的城镇化发展途径。

（一）边境口岸城镇化的点状开发

调整农业产业结构促进西南地区城镇化发展。西南地区农业结构调整，要面向国内、国际两个市场，扬长避短，参与国内、国际分工，创造有利于西南地区的商品生产和商品交易的环境。从西南地区的劳动力丰富、可耕种的土地资源稀缺的基本情况出发，对于土地密集型（如谷物等）且具优势的农产品，保持本地消费供应自给；对于劳动密集型的高价值产品（如畜产品、水果和花卉等）应大力发展，通过这些产品的出口或国内贸易，换回其他所需的农产品。西南地区在调整农业产业结构时，要按照西南地区的优势和特点进行。

第一，发展第二、第三产业，延长农业产业链。

首先，东西部差距突出表现为非农化程度的差异。自20世纪60年代以来，我国东西部人均国民收入差距大约有50%以上来自第二、第三产业发展的差距。根据发达国家发展经验，现代农业产业结构体系的基本特征是种植、养殖和销售一体化，农产品加工产值超过种植和畜牧业产值总和，农民进入农产品加工、流通领域，从而提高农业产业链竞争力。例如，广西以甘蔗、油料作物、柑果等为原料，运用高新技术进行加工和精加工，延长农村产业链，提高经济效益。

其次，调整农产品结构，发展特色农业。西南地区普遍日照充沛，昼夜温差大，农业生态环境污染小。抓住西部大开发产业结构调整之机，加快引进、选育与推广优良品种，大力开发具有高附加值的特色产品，形成西南各地独有的特色农业。

最后，农业产业结构调整与生态建设相结合。西南地区在发展农业、资源开发和生态建设中必须坚持因地制宜的原则。当前的生态建设应以生态治理为重点，无论是防止水土流失，还是防止土地的荒漠化，治理方式都要因地制宜，退耕还草、还林、还牧，并应统筹规划。采用符合当地条件的实用措施，宜林则林，宜草则草。如西藏的樟木口岸产业结构调整的是边地贸易结构，点面结合地扩大第二产业的规模、提升第三产业的地位。樟木口岸的可耕地面积十分有限，但气候温和，雨量充沛，畜牧资源和林业资源丰富，而且伴随对外贸易和各种服务业的发展，当地对蔬菜、水果、肉类等高附加值农产品的需求将迅速增长。根据这些条件，樟木口岸的第一产业应按照市场导向和比较优势的原则，优化内部结构，发展大棚蔬菜产业和林果业，养殖知名度较高的藏鸡、樟木牛等特色畜产品，提高土地的附加值。除了民族手工业外，樟木口岸设有制造业，只有少量的沙石开采和水力发电与供电行业，其中发电与供电是其主要的工业。根据比较优势和环境保护的原则，樟木口岸不具备大规模发展制造业的条件，但由于其水能资源丰富，而且随着用电量的日益增长，电力缺口将扩大。樟木口岸应该把水电作为第二产业发展的重点，同时积极发展民族手工业、农林产品加工业，限制高污染、高耗能、高占地、大运量工业的发展。随着订单贸易的发展和交通条件的改善，可以依托腹地资源，在聂拉木县城乃至日喀则市区附近建立及壮大其工业区，实现口岸与腹地的联动，扩大资源和产品的供给范围。

这也可以发挥樟木口岸对腹地的带动作用。

第二，大力发展乡镇企业是西南边境口岸城镇化的合理选择。

改革开放以来，我国乡镇企业蓬勃发展，已成为农村经济的重要支柱。实践证明，在我国国情下，要解决贫困问题，使农民富裕起来，重要的途径之一就是大力发展乡镇企业。目前，发展乡镇企业是增加农民收入的主要渠道，是促进农业发展的物质基础，是维护农村稳定的重要保障。与此同时，发展乡镇企业是加速西南边境城镇化的基本依托，也是西南地区广大农村全面实现城镇化社会的有生力量。西南地区发展乡镇企业，要把园区和口岸城镇作为重点，把发展乡镇企业和口岸城镇建设有机结合起来，引导乡镇企业向园区和口岸城镇集中，彻底改变"村村点火，户户冒烟"的零散局面，促进工业化与城镇化、经济与社会协调发展。

第三，西南城镇化发展结果的多元化。

首先，城镇规模结构和人口聚集多元化。西南地区要按照区域布局、城镇内部经济结构和区域人口分布，形成梯次规模结构。从具体的区域状况出发，宜大则大，宜小则小，形成分工合理、各具特色的大中小城市和口岸城镇协调发展的城镇体系。其次，城镇空间布局和产业定位多元化。西南地区应根据具体的自然地理状况，特别是根据水土资源的可利用程度和生态环境承载能力来决定城镇的空间布局，不拘一格，保持城镇体系与自然生态环境的协调。按照经济效益、生态效益和社会效益协调发展的原则，积极引导西南地区的特色产业向中小城市和口岸城镇集中，并努力促进大城市产业结构的优化和升级。最后，城镇区域层面多元化。从西南各地区自然条件、社会经济特点以及城镇发展现状来看，西南边境城镇化的推进，大体可从以下几类地区来分别考虑。一是青藏高原地区，主要是西藏地区。该地区应积极引导人口集中，增加城镇数量，加快城镇化进程。二是喀斯特地貌分布地区，主要是广西地区。其城镇化的方向应该是进一步增加城市和中心镇的数量，努力提升大城市的整体功能和辐射作用。三是云贵高原，包括云南和贵州地区。

其城镇化的推进应该大力发展口岸城镇，加强小范围内的人口聚集，以便减少地形的不利影响，节约投资。

西南地区地域辽阔，一部分优势资源的分布有相对集中的特点。适度的分散式城镇化，既可以实现区域城镇化的目标，又可以充分而有效地利用优势资源。这类资源集中区的城镇化应以点状开发为主，条件成熟时再实施转型发展。而广大农村牧区则应以县城和重点城镇建设为基础，逐渐推开，实现城镇化在规模和中间结构上的双重目标。

（二）西南边境口岸城镇化的制度创新

城镇化的实质就是产业和人口不断向城镇的聚集，政府要为这一聚集过程创造条件。在影响西南边境口岸城镇化进程的制度因素中，以下几个方面的改革与创新具有重要意义。

1. 创新户籍制度和人口政策。在口岸城镇和中小城市，应以有合法固定住所、稳定职业及收入为标准，改革和简化入户手续。放宽大城市和特大城市对户口迁入的限制，允许具备上述条件、有较好自我生存和发展能力的农牧民进城从事非农产业；城市之间实行人口的无障碍自由流动；努力消除农民进城就业困难、工资及劳保待遇过低、个人合法权益难以维护等非制度性歧视现象。西南边境口岸的人口政策，必须既考虑人口总量的控制，又考虑人口质量的提高，以利于加快社会转型。

2. 创新城乡土地制度。建立城镇国有土地储备和出租制度。除政府机关、学校、市政等公共用地实行划拨外，生产经营性国有土地出让金，可实行较长年限的分期收回制，实行土地租用，以降低西南边境口岸城镇农牧民进城的房价"门槛"和产业开发地价成本。城郊划入城镇开发的土地征用费，大部分留给农民作为启动非农产业的原始资金。允许土地和草原使用权按照依法、自愿、有偿的原则合理流转，推动土地和草原适度规模经营，促进农牧民从土地和草原使用权流转中，获得保障未来基本生活和从事第二、第三产业的启动资金。

3. 创新社会保障制度。扩大保障面和实行保障社会化，建立面向西南边境口岸城镇所有非农产业就业人员的养老保险、失业保险和医疗保险制度，建立与经济发展水平相协调的保险费率征收调整机制，努力做到社会化筹措、社会化发放，公开透明，社会监督。对依法转让、承包草原等生产资料进城的"新市民"与其他城镇居民同等对待，实行最低生活保障。

4. 创新设市体制。西南地区应适当调低设市标准，促使一批规模已达到小型城市和接近中型城市的地级行政区所在地发展成为区域中心城市，加快区域城镇化进程。在未来西南边境口岸城镇化进程中，争取使城市数目达到 800 个左右，保证西南地区的每个县有一个城市，使每个县拥有 2 个左右的重点中心镇。在增加西南边境城镇数量的同时，加强城镇基础设施建设，大力增加西南边境口岸城镇的功能。

二　西南边境口岸城镇化的合法推进

（一）依法制定科学合理的城镇发展规划

目前，在口岸城镇建设方面存在的突出问题主要有三个。一是在口岸城镇供水、供电、道路、通信、绿化等基础配套设施建设以及文化、广电、娱乐、体育、学校、医院、市场等服务功能建设方面，普遍存在"小而全"的现象。有的小城镇布局过密，城镇规划超越于现实经济规模，往往会造成基础设施功能和服务设施功能闲置。二是城镇建设缺乏必要的宏观指导，同一地区的城镇之间彼此雷同，分工不明确，产业结构趋同，缺乏城镇的个性特色，且重复建设较多。三是有些地区的城镇建设，主要是通过行政区划变动的机制形成新城镇，没有科学地实施城镇化。

目前，西南地区城镇数量的增加与城镇人口的增长不成比例。要打破过去那种封闭的、按行政区划而分的分散格局，试行按产业结构和发展特色经济的要求扩大行政区划范围，实行拆并结合，加速西南地区区域化和城镇化建设。产业和市场商业基础是农村城镇化的发动机，是发展口岸城镇的关键和基础。经过综合考察分析，笔者认为小城市人口规模一般以 10 万左右为宜，镇区常住人口以不低于 2 万～3 万为宜，镇区辐射范围控制在 10 公里以内为宜。如果达不到一定的规模，就会造成口岸城镇基础设施功能的闲置和浪费。西南地区的口岸城镇建设，既不能照搬别国模式，也不能效仿东部地区的套路，必须突出西南地区的地理区位特色，体现资源、产业、文化、历史、经济等特点，把它同当地的人文景观和文化传统有机地结合起来考虑，提升西南地区城镇的文化品位，形成一批特色鲜明、风格各异的口岸城镇群落。

（二）依法做好历史文化的保护工作

《中华人民共和国文物保护法》第十条至第十二条规定："各级人民政府制定城乡建设规划时，事先要由城乡规划部门会同文化行政管理部门商定对本行政区域内各级文物保护单位的保护措施，纳入规划。""文物保护单位的保护范围内不得进行其他工程建设。如有特殊需要，必须经原公布的人民政府和上一级文化行政管理部门同意。""根据保护文物的实际需要，经省、自治区、直辖市人民政府批准，可以在文物保护单位的周围划出一定的建设控制地带。在这个地带内修建新建筑和构筑物，不得破坏文物保护单位的环境风貌。"

西南地区城镇化建设必须严格执行《中华人民共和国文物保护法》，将历史文化名城和文化古迹保护纳入城市规划范围，并制定和完善相关法律法规。要认真总结过去在旧城改造和城镇化建设过程中的教训，不要重犯为旧城改造而强行拆毁仅存的宋明时期古城墙那样的错误。云南城镇化建设在这个方面就做得非常好。如丽江在 1996 年遭遇地震之后，由于城镇化规划合理，实施到位，重建后的丽江古城在保存了原来独特的人文地理风貌的同时，城市基础设施明显改善，旅游事业得到了极大发展，丽江古城也被联合国正式列入了世界遗产名录。根据目前云南省的城镇化水平，2020 年全省常住人口城镇化率达到 50%，户籍人口城镇化率达到 40%，可实现全省累计新增 500 万城镇户籍人口，引导 250 万人在中小城镇就近就地城镇化，促进在城镇稳定就业和生活的 150 万人落户城镇，推动 100 万人通过棚户区、城中村改造改善居住条件实现城镇化。

同时，还需要依法做好保护地下历史文物的工作。要按照《国务院办公厅关于西部大开发中加强文物保护和管理工作的通知》，从以下七个方面着手进行保护工作。（1）加大对《中华人民共和国文物保护法》等相关法律法规的宣传贯彻力度，大力提倡、动员和引导社会参与文物保护，各级政府要依法保护和管理好管辖区内的历史文化遗产，将文博事业发展列入区域经济和社会发展规划。（2）妥善处理西部大开发中地下文物保护和经济建设的关系，做好西南地区文物调查、评估和公布文物保护单位等基础性工作，摸清底数，加快文物普查和文物地图集的编纂工作进度，在可能埋藏文物的地方做好重点文物保护区域的划定工作。凡基本建设时进行文物勘探、考古发掘所需费用，应按国家发改委、财政部的有关规定，由建设单位从项目投资中列支。（3）做好古遗址、古墓葬的保护工作，要把古遗址、古墓葬特别是大型遗址的保护纳入当地退耕还林（草）和土地利用规划；对遭到严重破坏或埋藏较浅的大遗址，要列入退耕还林（草）的重点范围，以减缓耕作和自然力对遗址的侵蚀，防止新的破坏。（4）根据西南地区历史文物、少数民族文物和各类矿物、动植物标本相对丰富的实际情况，做好抢救和保护工作，有计划、有重点地发展各具特色的专题博物馆。（5）科学、合理地发挥文物特有的作用，将文物旅游的资源优势转化为经济优势，加强爱国主义教育，增强民族凝聚力。（6）对于宗教活动场所的建筑和寺庙内收藏的各类文物，要按《中华人民共和国文物保护法》进行有效管理，制定专项保护法规和规章制度，建立相应的管理组织，自觉接受文物行政管理部门的指导、监督和管理。（7）加大对盗掘、盗窃、非法交易和走私文物等违法犯罪活动的打击力度，公安、工商行政管理、海关文物等有关部门要通力协作。对各种文物犯罪分子特别是那些破坏性强、危害严重的盗掘团伙和走私集团，必须坚决摧毁，依法予以严厉打击。

（三）依法加强城镇户籍管理和改革

2001 年 3 月 30 日，国务院批转公安部《关于推进小城镇户籍管理制度改革的意见》，力图通过改革口岸城镇户籍管理制度，引导农村人口向口岸城镇有序转移，促进口岸城镇健康发展，加快我国城镇化进程。同时，为户籍管理制度的总体改革奠定基础。因此，西南边境口岸在进行口岸城镇建设的进程中，必须科学把握《关于推进小城镇户籍管理制度改革的意见》，并认真贯彻执行。（1）口岸城镇户籍管理制度改革的实施范围是县级市市区、县人民政府驻地镇及其他建制镇。（2）凡在上述范围内有合法固定的住所、稳定的职业或生活来源的人员及与其共同居住生活的直系亲属，均可根据本人意愿办理城镇常住户口。（3）在口岸城镇办理的蓝印户口、自理口粮户口等，符合上述条件的，统一登记为城镇常住户口。（4）对经批准在口岸城镇落户的人员，不再办理粮油供应关系手续，根据本人意愿，可保留其承包土地的经营权，也允许依法有偿转让。农村集体经济组织要严格执行承包合同，防止进城农民的耕地撂荒和非法改变土地用途。对于进城农民的宅基地，要以西南地区城镇化模式与应用对策对其适时置换，防止闲置浪费。（5）对办理口岸城镇常住户口的人员，不再实行计划指标管理。地方公安机关要做好具体组织实施工作，严格按照办理城镇常住户口的具体条件，统一行使户口审批权。（6）经批准在口岸城镇落户的人员，在入学、参军、就业等方面与当地原有城镇居民享有同等权利，履行同等义务，不得对其实行歧视性政策。（7）各地区要结合本地经济和社会发展水平的实际，研究制定具体实施办法，使口岸城镇的人口增长与经济和基础设施建设、就业、社会保障以及各项公益事业的发展相协调，防止在发展口岸城镇过程中不切实际地一哄而起，盲目扩大规模，大量占用耕地，削弱农业的基础地位。流动人口是中国户籍管理制度下的一个独特群体，即使口岸城镇户籍制度改革实施后，在城镇化进程中仍然存在流动人口，且主体是农村人口。因此，必须加强对进城农民工的法制教育，使他们知法、学法、懂法、用法，将对城镇农民工的管理纳入法制化的轨道，并对他们提供必要的法律咨询、法律援助和法律服务。

与此同时，还需依法加强口岸城镇居民的社会保障。要以艰苦创业的精神拓展、深化口岸城镇的医疗、养老、失业、就业、创业等社会保障制度改革，逐步建立个人养老保险账户和失业保险金以及农村与城镇社会保险之间的转换渠道，让农民离开土地后没有后顾之忧。同时，要引导城镇居民开展社区化社会保障活动。这里所论及的社区化社会保障，是指口岸城镇居民除享受国家基本保障外，依托社会载体，动员社会力量新建各种基础服务设施和配套功能，借此积极发展社区非营利组织，完善口岸城镇社区的福利服务，为口岸城镇社区的居民提供保障安全、生存和发展方面的福利性服务。社区服务是工业化、城镇化的产物。它根据社区居民的实际需求，建立社区服务设施，如开辟社区服务中心、敬老院、保健站、市民救助中心等，组织一支专职、兼职与志愿者相结合的社区服务队伍，为社区提供便民利民服务。

必须广辟投资渠道，建立城镇建设投融资新体制，形成投资主体多元化格局。在政府引导下主要通过发挥市场机制作用建设口岸城镇，鼓励企业和城乡居民投资。从口岸城镇建设投资体制方面看，先要加大国家对西南地区口岸城镇建设投融资的力度，坚持以"市场筹集为主、政府补贴为辅"的原则，走招商引资、政府投资、综合开发、滚动发展的建设思路。《国务院关于实施西部大开发若干政策措施的通知》规定，实行"谁投资、谁经营、谁受益"的原则，采取独资、合资、股份制、转让基础设施经营权、资源（土地）合作建设等方式，吸引企业、客商、居民、农民和社会各界投资参与口岸城镇住宅开发和基础设施建设。市（县）财政在编制年度行政事业单位预算时，应单列小城建设事业经费指标，安排一定数额的口岸城镇规划建设事业补助费。还可以通过银行发行一定数额的建设债券等直接融资方式吸纳社会游资，通过银行贷款解决部分资金问题，从乡镇企业上缴利润中拿出部分用于口岸城镇基础设施建设。在口岸城镇基础设施建设中，要建立健全各级财务监督机构，监督资金的合理使用。尤其要按照《中华人民共和国预算法》的规定，设立独立的镇级财税机构和金库，健全预算决算制度。

从口岸城镇建设合理征用土地机制方面看，一定要贯彻执行《中华人民共和国土地管理法》《中华人民共和国城镇国有土地使用权出让和转让暂行条例》《中华人民共和国城市规划法》《村庄和集镇规划建设管理条例》等法律法规，对口岸城镇的发展要统筹规划、集中用地，切实做到集约用地和保护耕地。尤其要通过挖潜、改造旧城（镇）区，积极开展迁村并点和土地整理，利用开发荒地和废弃地的方式，解决口岸城镇扩建、改建的用地问题。要采取严格保护耕地的措施，防止乱占耕地。口岸城镇建设用地必须纳入省（区、市）、地区、县土地利用总体规划和土地利用年度计划。对重点口岸镇的建设用地指标，宜优先安排。除法律规定可以划拨的土地之外，一律实行有偿使用，其有偿使用收益，按规定留给镇级财政用于口岸城镇开发建设。由于我国对城镇和农村土地采取两种不同的所有制和体制，地方政府在实施城镇化过程中有权通过一定的补偿机制征用农村土地。自 1991 年开始，许多地方政府将农业用地开发用于招商引资的非农业用途，发挥土地资产效益，加速口岸城镇发展。这使劳动力与其他生产要素的组合成为现实，解决了多年来口岸城镇建设资金不足的问题。但由于某些原因，部分地区过分强调"以地生财"，滥用土地现象时有发生。非农用地已占耕地面积的 53.7%，其中城镇占 23%，乡村居民点占 77%。特大城市的人均占地仅为 75 平方米，但小城市已上升为 143 平方米，农村则升至 170 平方米。由此可以看出，我国的城镇化发展实际上有利于提高土地资源利用的集约程度，可以缓解我国巨大的土地压力。

三　西南边境口岸城镇化的环境保护

（一）边境口岸城镇化的环境保护意义

西南地区已经经历了"一五"计划至"三线建设"时期的多次开发建设历程。党和政府在 21 世纪初做出西部大开发的战略决策，使西南地区建设发展进入了一个崭新的历史时期。西部大开发成功与否关键在于能否造就若干个具有现代经济意义的大中城市及城镇群（带），而不能再走单一产业的基础城市建设的路子。因此，系统的城镇化工程将是不可或缺的一部分。目前，西南地区小城市居多，城镇化进程的模式与东部地区不同，应走以发展中小城市为主的道路，走适度发展大中城市、合理发展小城市、完善城镇体系的道路。西南地区城镇化进程缓慢，制约了区域现代化进程，大量人口滞留农村，给生态环境带来巨大压力。应通过农村城镇化将部分农村人口转移到城镇，以减轻生态环境压力，促进区域现代化和可持续发展。积极发展中小城市是优化西南边境口岸城镇体系结构、最大限度地发挥城镇体系功能、带动区域发展的战略性任务。

迄今为止，西南地区的发展战略基本上都是资源导向型战略，特别是中央提出西部大开发战略后，许多地区都将资源型产业确定为发展重点。西南地区资源丰富，但深入分析后会发现其优劣各半。西南的资源大部分属于不可再生资源，在开采过程中将越来越少。除此之外，西南地区城镇化进程中还有许多不可持续因素。西南地区城镇化受严酷的自然生态环境和落后的社会经济发展的双重制约，除少数大中城市外，西南地区大面积区域为欠发达地区，较为落后的生产生活方式对环境造成了巨大的压力，加剧了生态环境的恶化。加上全球气候变化的影响，更使西南地区生态环境恶化。因此，从西南地区生态环境恢复和重建角度来看，大力推进区域城镇化，使城镇吸纳更多的农村人口，可减少人口对生态环境的压力。

目前，西南边境口岸城镇环境保护的有利因素很多。世贸组织财政上的支持和国家扩大内需的积极财政政策，提供了良好的市场刺激机制。我国已初步形成环境政策体系，环境保护已成为现代化建设中的一项战略任务。我国已确立的西部大开发的战略，其目标和措施也为西南边境口岸城镇的建设提供了保障。在《国家环境保护"十五"计划》关于"农村环境保护"中专门谈到要保护口岸城镇环境。为指导和规范小城镇环境规划的编制工作，生态环境部、住建部也联合拟订了《小城镇环境规划编制导则（试行）》，组织拟订了《全国环境优美乡镇考核标准（试行）》，生态环境部还配合中央文明办、中宣部、建设部、农业部开展了"全国创建文明小城镇示范点"工作。这些都给西南边境口岸城镇环境保护工作的进一步加强创造了良好的契机。

（二）边境口岸城镇建设中的环境矛盾

在自然环境方面，西南地区生态环境脆弱、水资源短缺、地貌结构复杂、部分区域联系困难。工业的发展使环境污染日趋严重，生态环境也呈恶化趋势。西南地区生态环境现状调查结果表明，西南地区生态环境问题十分突出。其中水土流失面积（不包括西藏）占全国水土流失总面积的 62.5%，目前蔓延速度虽有所缓减，但没有得到根本改变；土地沙化面积呈持续增长的趋势，年沙化面积由 2460 平方公里增加到了 3000 多平方公里。西南边境口岸城镇建设所面临的环境保护形势十分严峻。但是西南边境口岸城镇相对于东部地区口岸城镇仍然具有资源优势。西南地区土地面积较大，口岸城镇土地取得成本比较低，非农产业生产投入的成本也会降低。

在环境保护设施方面，由于西南边境口岸城镇数量多，单个城镇规模小，经济实力有限，缺乏环境污染治理的专业设施和技术人员，污染防治的基础设施也严重不足，很难具备与大中城市相似的环保条件。西南地区的污水处理技术和环保产业，与东部地区相较，仍有较大差距。因此，口岸城镇环境保护必须树立预防第一的生态环境保护理念，将口岸城镇发展中可能导致环境破坏的负面影响控制在环境自净范围内，以最小经济效益换取最大环境效益。

目前，西南边境口岸城镇的环境保护问题还没有得到足够的重视。我国环境保护的重点仍然是防治工业污染和城市污染，主要是防治大中城市的污染和生态环境的保护。西南地区在经济上落后于东部、中部地区，在经济发展过程中出现的各种问题中，口岸城镇的环境问题相对而言处于次要地位，且由于资金、技术等问题没有得到应有的重视，现有口岸城镇建设资金的民间筹集机制尚不成熟，基础设施建设的资金较为薄弱。

西南边境口岸城镇的环境管理工作亦是薄弱环节。城镇环境管理机构不健全的情况，在西南地区尤为突出，而且口岸城镇环保机构执法的法律依据也不充分，环境保护法的处罚权只限于县级以上环保部门。城镇的环境管理工作主要依靠县、镇两级环境保护主管部门负责，而技术设备跟不上客观发展的需求。我国广大西南边境口岸城镇及农村交通不便、通信设施落后，这与需要进行的环境保护工作形成极大反差。西南口岸城镇环境规划建设工作也难于落实。国家环境保护总局和建设部已拟订了《小城镇环境保护规划编制导则（试行）》，却没有提到口岸城镇的相关规划编制任务，更没有落实具体规划的行动。西南边境口岸城镇在这方面需要投入更多精力进行细致规划。

（三）边境口岸城镇建设中的环境政策

当前我国城镇化已经步入新阶段，这对于西南边境口岸城镇的环境保护是很有利的。西南地区生态环境脆弱，口岸城镇的发展必须注重保护和治理生态环境，美化城市生存环境，促进城市生态环境与社会经济的可持续发展。协调发展原则要求口岸城镇的发展要同经济发展水平相适应，与工业化进程相协调。口岸城镇的发展也要注重经济效益、社会效益和环境效益的全面提高和协调统一。

1. 重视西南边境口岸城镇环保基础设施建设。西南边境口岸城镇经济落后，所以更要加大环保资金投入，不能走"先污染后治理"的老路。城镇环保建设要加强基础设施建设，提高其承载能力，集中力量兴建污水处理厂等污染集中防治设施，限制污染的分散治理，走污染控制社会化之路。要提高城镇自来水普及率和饮用率，切实加强城镇饮用水源的保护和管理。提高城镇清洁能源的利用率，充分利用太阳能、液化气、沼气等清洁能源。健全垃圾收集系统，逐步建立垃圾无害化、资源化处理设备，防止垃圾对水体、土壤的污染，提高绿化覆盖率。

2. 加强西南边境口岸城镇环保机构和队伍建设。目前许多县、乡没有环境管理机构和环境管理人员，不能适应环境管理工作的需要。"三同时""环境影响评价"等基本的环境管理制度在县级以下执行情况很差，"三废"排放达标率和治理率都远远低于城市。因此，在口岸城镇发展中应根据经济发展状况和污染状况设置相应的环境管理机构，充实环境管理队伍，以避免环境管理失控。在经济发达、环境污染比较严重的口岸城镇，设置环境保护机构，负责口岸城镇环境污染的监督管理和宣传教育；在经济比较发达、环境污染比较轻的城镇，设置环境保护兼职机构，在发展乡镇经济的同时，搞好环境保护工作；在一般的城镇，设置兼职环保员。同时，加强对基层环境保护工作人员的职业培训，改变基层环境保护工作的薄弱现状。

3. 城镇生态环境保护要做好规划。由于西南地区生态环境的脆弱、综合抗灾能力的不足，任何开发建设项目都要按总体规划去做。目前，绝大多数的口岸城镇建设总体上还缺乏协调规划，带有很大的随意性和盲目性。口岸城镇布局零乱，工业、居住、文化教育、商业交错分布，城镇环境建设十分薄弱。处理生活污水和垃圾的能力很低，工厂选址常常位于城镇饮用水源旁而无"三废"治理措施，污染口岸城镇环境，西南边境口岸城镇在此问题上尤为突出。要在环境现状评价的基础上，以可持续发展战略为指导，按照生态学理论，编制口岸城镇环境保护规划，并纳入整体规划，作为指导口岸城镇建设的重要依据。西南地区各个省市应根据自身的不同情况，从实际出发，抓紧口岸城镇环境保护的规划编制工作。在口岸城镇环境规划工作中，应将生态示范乡镇建设放在重要地位。通过生态城镇建设，把农村生态环境综合整治与城镇污染防治结合起来，把生态建设保护与乡镇企业污染防治结合起来，切实把可持续发展战略落实在基层。

4. 加强环境宣传，增强环境保护意识。多渠道加强环境保护宣传和教育，增强各阶层人士尤其是口岸城镇管理者的环境保护意识。目前在西南地区，口岸城镇居民和农民仍然把很多自然资源看作"取之不尽，用之不竭"的资源，把掠夺资源当作"靠山吃山，靠水吃水"，既没有正确认识自然资源，也不了解环境保护的方式与途径。要使一般居民意识到保护周围环境的重要性和必要性，并加入环境保护的行列，自觉维护环境卫生。有条件的地方要建立城镇环境质量评估体系，聘请专家和专业机构参与建立口岸城镇环境质量评价体系，进行定期的环境质量测评和公告活动。环境质量评估不仅可以作为口岸城镇发展的综合考评指标，还可以作为口岸政府工作成绩考评指标之一。

四　西南边境口岸的城镇文化建设

当前，我国正处于城镇化加速期，从中央到地方出台了一系列促进城镇化发展的方针、政策，提出了"推进城镇化，实现现代化"的战略目标。但值得注意的是，一些城镇在现代化的名义下，被改造得面目全非。原本是闻名遐迩的千年古镇，却失去了古香古色，全国大多数城镇正变得千篇一律，风格雷同，城镇建设的质量引起了人们的担忧。要解决这个问题，关键要重视和加强城镇文化建设，正确引导城镇发展，科学提升城镇品位。

（一）口岸城镇文化建设的必要性

首先，城镇文化是城镇生存和发展的根基。文化是城镇的灵魂和生命，城镇文化的延续过程记载着过去，标志着现在，预示着将来。失去了历史底蕴和文化内涵的城镇，就失去了城镇生存和发展的根基，就失去了城镇自己的特色，也就谈不上城镇的现代化。文化存在于城镇的每个领域和角落，文物古迹、风景名胜、历史街区和建筑更是浓缩了历史文化的精华。只有深入研究、尊重、把握、体现城镇的历史、文化，对城镇的文物、民居、传统街道风貌加以保护和发展，才能形成城镇自己的特色和文化魅力。

其次，城镇文化是城镇经济发展的动力。城镇文化是城镇经济的助推器，而经济的发展又可形成文化特色，两者相辅相成，密不可分。城镇文化渗透在城镇经济的各个领域，如饮食文化、企业文化、酒文化、茶文化、服装文化、旅游文化，等等。文化的融入提升了产品的价值和品位，形成了行业特色，从而可以增强吸引力，推动消费，增加经济的产值。

最后，城镇文化是提升市民素养的土壤。要创建文明城镇、实现现代化，首先要提高市民的道德素养、文化素养。文明城镇、现代化城镇必定是一个有着较高市民素养的城镇。加强城镇文化建设不但可以弘扬悠久的历史文化，传播先进的科技文化知识，而且还可以规范人们的行为，陶冶人们的情操，从而达到提高市民素养的目的。相反，如果不注重城镇文化建设，让有害文化充满城镇的每个角落，腐蚀人们的心灵，人们的素养无法得到提高。同时，市民素养的提高又可以推进城镇文化品位的提高。如旅游资源是文化沉淀的结果，无论是自然景观，还是人文景观，都与人们的文化素养有关。一处优良的人文景观，在有高度文化素养的城镇，就可以得到很好的保养与修缮，相反就有可能遭到人为破坏，甚至毁灭。

（二）加强口岸城镇文化建设的途径

第一，提升城镇规划设计的文化品位。首先，要注重并体现当地的民俗风情。每一个城镇都有其相对独立的文化特点，它可体现在衣食住行各个方面，在日积月累中和群众的思想观念、生活习俗融为一体，构成特定的民俗风情。在规划设计中，要充分体现民俗风情，准确定位城镇的性质，科学合理地安排城镇建设项目。其次，要重视对历史文化遗产的保护。历史文化遗产是构成城镇特点的依托，在规划中应处理好保护与发展的关系。保护历史文化城镇特色，不仅仅是保护几处古迹文物、几处建筑、几段城墙，更重要的是要研究当地的历史和建筑遗产的现状，发掘和抢救历史文化遗存。通过周密分析，划定若干保护片区，保护历史特色的现状格局和整体风貌。最后，要充分展现相对独立的地域文化。一方水土养一方人，自然也形成一方文化。每个城镇都有相对独立的地域文化特色，同是江南园林名城，杭州突出自然山水园林，以宏大取胜；苏州突出人工造园特色，以精巧取胜。同是以民居为主的古城，纳西古城有纳西族文化的特色；平遥古城处处透出北方汉民族的文化气息，显得朴素而悠远。因此，规划设计中应充分考虑相对独立的地域文化特色。

第二，提升城镇设计的文化内涵。城镇设计的文化内涵首先体现在建筑设计方面。建筑设计是对历史文化传统的表现，是对现实生活的反映，是对未来发展目标的求索。建筑特点体现了建筑的文化性、历史性、特色性，历史留下的文化遗产是进行城镇建筑艺术创作的源泉。其次体现在形象定位方面。形象设计是指城镇给予人们的综合印象和观感，也是城镇这一客观事物在人们头脑中的反映。通过城镇形象设计，可塑造城镇富有个性特色的文化内涵，对内形成凝聚力，对外则可促进城镇文化的传播与交流，提高城镇的知名度，从而为经济的发展提供良好的外部环境。

第三，提升城镇社区建设的文化品位。社区文化包括街道文化、家庭文化、校园文化、企业文化和商业文化等内容。良好的社区文化是城镇文化的基础，也是社区居民生活中的重要组成部分。由于社区文化具有广泛的参与性、娱乐性、共生性和知识性，它在提高社区居民文化素养、审美情趣、思想意识方面，在转变社会风气、改善人际关系，发挥人的积极性、增强社区居民的归属感和向心力以及塑造良好的人文氛围等方面均具有突出的作用。这也正是进行城镇社区精神文明建设的主旨。要依靠社会力量强化社区文化建设，开展多种形式的群众文体活动，尤其要大力发展特色文化。坚持以特色文化为龙头，以社区文化为依托，以家庭文化为细胞，通过举办集中、大型、多样的文化活动，创造出丰富多样的城镇社区文化，使社区居民在高雅、健康、活泼的文化氛围中达到益智、娱乐、健身的目的。同时也要注意社区的店名、路名等的文化内涵，把那些品位低劣，甚至不健康的内容尽早从社区文化中剔除。

第三节　西南边境口岸城镇化的保障体系完善

根据社会发展规律和产业发展布局，全面调整和完善口岸城镇的社会保障体系，把发展人、提升人作为增加群众收入、发展地方经济的突破口，通过社会保障品质的全面提升，深入促进西南边境口岸城镇化进程。

一　建立口岸城镇城乡统一的服务保障制度

积极推进城乡统筹就业，加快建立统一开放、平等竞争、规范有序、城乡一体化的人力资源市场。重点要做好以下几个方面：建立健全城乡统一的就业组织体系；建立健全覆盖城乡的职业培训体系；建立健全西南地区就业服务体系；建立健全维护城乡劳动者权益的劳动用工管理体系；在指定就业计划和确定劳动保障管理范围时要将口岸城镇劳动力的转移就业纳入其中；在政策制度上杜绝对城乡劳动者的歧视，最终实现城乡平等的就业政策，实现劳动力资源城乡合理配置。

以职工养老保险全覆盖为核心，以建立城乡统一的养老保险政策为抓手，逐步消除农户承包地的社保功能，为解决土地经营权系列问题扫除障碍。建立完善城乡统一的失业保险制度，把在口岸城镇承包土地经营（有承包合同）的劳动力、在城镇就业以及外出经商务工的本地户籍农村劳动力、有转移就业愿望但尚未实现转移就业新成长的西南地区农村劳动力一并纳入失业保险范围，逐步实行农民与城镇职工同比例缴费，享受与城镇职工同等待遇。统一农民和城镇居民基本医疗保险政策，加大财政支持力度，扩大城乡居民医疗保险的覆盖面并且提高保障水平，提高大病统筹标准，解决好因病致贫、返贫的问题，最终建立起城乡一体化的居民医疗保险体系，实现城乡居民医保制度全覆盖。

与此同时，需要完善金融制度和健全口岸城镇金融体系，加快建立多元化的投融资机制，多方筹集建设资金，努力解决统筹城乡发展的资金瓶颈问题。促进城乡资本流动是实现城乡市场一体化发展的主要内容。要积极搭建投融资平台，降低民间资本注册小额贷款公司的门槛，通过政府贴息等方式，引导民间金融机构参与农业产业化项目和城镇基础设施建设，采用 PPP、BOT、BOO、BBO（分别为政府和社会资本合作、建设—经营—转让、建设—拥有—经营、购买—建设—经营）等各种模式，走出一条共建共赢、独具特色的城镇基础设施建设之路。要大胆探索创新符合口岸城镇需求的信用新模式。推广实施"行业协会＋联保基金＋银行信贷""龙头企业＋种植基地＋行社联合＋财政贴息"等信用新模式，引导口岸城镇金融机构加大对"三农"的信贷投入力度。要扩大口岸城镇政策性保险试点范围，探索建立政策性农业保险和商业性保险相结合的口岸城镇保险市场体系。努力扩大农业保险覆盖面，逐步形成农业灾害风险补偿和转移分摊机制。要积极探索适合口岸城镇特点的担保抵押方式。进一步健全和完善县级信用担保体系建设，大力发展各类信用型、商业型和互助型担保机构，探索开展口岸城镇集体建设用地使用权、乡村房屋产权、林权抵押融资服务。

二 完善口岸城镇市场体系以促进商品要素流通

促进城乡商品顺利流通是实现城乡市场一体化发展的重要组成部分。要加快城乡流通现代化建设步伐，重点建设贯通城乡的农产品流通体系，加快建设一批设施先进、功能完善、交易规范的鲜活农产品二级批发市场。形成以物流中心为核心，以二级批发市场为辐射点，以集贸市场、连锁超市、便利店、单体零售经营门店为基础，布局合理、辐射力强的城乡农产品流通体系。大力培育和发展物流配送、便民超市等新型流通业态，推进零售业城乡连锁化。要培育城乡流通主体，鼓励大中型商贸流通企业到口岸城镇发展综合性服务网点，建设和改造农家店。引导和鼓励农民发展各类农产品流通合作组织、农办会，发展运销大户和农民经纪人队伍，积极培育一批主业突出、具有市场竞争力的龙头企业。鼓励具有竞争优势的龙头企业通过参股、控股、承包、兼并、收购、托管和特许经营等方式，实现规模扩张，做大做强。要推动城乡市场对接整合城乡各种信息资源，建设农产品信息网络中心，使之成为内连千家万户，外接国内、国际市场的信息平台。引导农产品进超市，制定相关政策，建设绿色通道，引导支持龙头企业、农民专业合作组织等直接向城市超市、社区菜市场和便利店配送农产品。

城乡基础设施建设是实现城乡市场一体化发展的基础。近年来伴随着西部大开发的深入推进，西南地区基础设施建设取得了重大成就，但是存在较为明显的地区分布不均衡，基础设施建设更多的是集中在大中型城市，而小城市，特别是边境口岸城镇基础设施建设仍须进一步加强。

第一，继续加强西南地区边境口岸基础设施建设。西南地区经济发展总体相对缓慢，政府财政收入十分有限，因此，西南地区各省（区、市）将绝大多数资金用于城市基础设施建设。而口岸城镇的公共基础设施政府投入较少，造成了口岸城镇基础设施建设长期滞后，导致了西南地区城乡基础设施建设失衡。因此，要认识到口岸城镇的基础设施建设同城市的基础设施建设在属性上是一致的，都属于公共产品，应在供给上采取同样的政策，给予城乡基础设施建设相同的机会。

第二，科学做好边境口岸城镇基础设施建设相关规划。一是高度重视、统筹城乡发展，做好基础设施建设的总体规划。要结合国家政策，从适应未来口岸城镇劳动力转移、城市化发展和产业结构调整的趋势需要出发，科学提出短期、中长期口岸城镇基础设施建设的总体思路、基本原则、建设目标、区域布局和政策措施，积极发挥基础设施建设总体规划的龙头作用。二是突出重点，认真做好各涉农部门基础设施建设专项规划的编制与实施。三是因地制宜，切实做好乡镇的发展规划。各乡镇在制定建设发展规划时，要结合实际，坚持和贯彻因地制宜的原则，做到有重点、有特色，科学合理地确定本地范围内小集镇布局、产业布局和项目建设布局，有计划地控制自然村的发展，引导自然村人口向小集镇聚集，为产业发展和基础设施建设留出空间。

第三，加大口岸城镇基础设施建设项目的争取力度。抓住国家新一轮西部大开发的历史机遇，坚持"建设靠项目，吃饭靠财政"的思路，踏踏实实搞好项目的申报和争取工作。突出重点，围绕口岸城镇基础设施建设、产业优化、民生工程、生态环境等领域，抓紧争取并实施一批带动作用强、投资见效快的重大项目。

第四，加大金融部门对口岸城镇基础设施建设的支持力度。一是加大金融部门对农业产业化龙头企业的贷款力度，扶持企业快速健康发展，从而带动农业综合开发，增加农民收入。同时引导企业和农户积极建设一些与其自身生产和生活息息相关的基础性设施。二是为降低金融部门的信贷风险，鼓励信贷资金投入口岸城镇基础设施建设。在目前口岸城镇经济薄弱、有效抵押资产不足的条件下，建立口岸城镇基础设施建设基金，以之作为贷款担保资金，确保银行贷款向口岸城镇基础设施建设倾斜，从而推进农业基础设施的建设步伐。三是为缩小城乡基础设施建设方面的差距，要充分利用国家对农业基础设施贷款实施优惠利率和财政贴息的政策，配合农产品加工企业加大对项目建设贷款贴息的争取力度，鼓励农业企业贷款建设与其生产经营有关的基础设施。

第五，健全完善多元化的投资机制。加快西南边境口岸城镇基础设施建设步伐，关键是要加大资金投入力度。由于西南地区财政用于基础设施建设的资金非常有限，因此要健全完善多元化的投资机制。一是在努力争取中央财政对西南边境口岸城镇基础设施投入的同时，应充分发挥财政资金的引导作用，制定相应措施，坚持"谁投资、谁开发、谁受益"的原则。健全完善国家、集体、农民和社会各界相结合的多渠道农业投资体系，在税收、补贴、贴息等方面对民间投资给予优惠和鼓励，调动全社会力量参与口岸城镇基础设施建设。二是为适应口岸城镇经济的发展，要建设的口岸城镇基础设施项目很多，许多口岸城镇公益事业建设项目让农民来集资修建是不现实的。因此必须改善服务环境，加大招商力度，通过招商引导民间资本和企业资金积极投入和扶持口岸城镇基础设施建设。三是支农资金的安排是分部门管理的，这种管理模式造成了各部门之间职责不清、力量分散，不利于统一和协调，无法形成合力。因此，根据西南边境口岸城镇的实际情况，涉农部门在争取口岸城镇基础设施建设项目时要整盘考虑，充分做好项目争取的前期工作，加强统筹协调和统一安排，对农业基础设施建设项目和资金进行整合，防止项目投资过于分散，不能充分发挥投资效益。

三 以区域平台建设为载体完善口岸城镇基础设施

"十三五"期间，国家在西南规划了"成渝经济区""北部湾经济区"等西南地区重点发展区域。为了推进这些区域的发展，应按照相关规划积极推进基础设施建设，提高各区域间联系的便捷度，推动城乡更快地融合。根据这个城市群的发展设计，在西南边境口岸城镇化建设中应做到以下几个方面。

第一，科学规划边境城乡之间经济环境联系的建设。按照社会主义新口岸城镇建设的要求，建设村容整洁的新口岸城镇。整洁的村容是社会主义新口岸城镇的外在表现，主要表现为口岸城镇的生活环境、人居环境、生产环境得到根本改善，"脏、乱、差"的状况从根本上得到治理，展现村庄布局合理、基础设施完善、服务设施齐全、生态环境良好的新形象。按照这一要求，要根据各地城乡建设总体规划和城镇发展规划，以高标准制定口岸城镇建设规划，不断提高口岸城镇的生产和生活生态功能。将生态环境建设与当地产业发展、农民增收结合起来，尤其是西南资源型地区要处理好资源开发中生态环境建设与产业开发的关系，实现可持续发展。

第二，建立边境口岸的生态型产业体系。城乡经济社会一体化的最终目的是提高城乡居民生活水平，而实现经济发展和城乡居民增收的途径是发展产业。建立边境口岸的生态型产业体系，应从以下五个方面着手。一是严格审批城市工业向口岸城镇的转移，对于高污染落后产能向口岸城镇地区的转移要严格控制。二是积极引导高科技现代农业的发展，发展绿色农业，降低农药、化肥在农产品中的残留，提高农产品的市场竞争力，促进农民增收。三是引导城市资金用于口岸城镇农产品的深加工、精加工，提高产品附加值。四是大力发展循环经济，减少生产中的损耗。五是按照产业共生的原则，合理安排城乡产业布局，实现城乡产业的互动发展。

第三，加强边境口岸城镇的互利型生态环境保护。口岸城镇的环境保护问题包括口岸城镇自身的垃圾等废物处置和城乡垃圾向口岸城镇迁移等。解决口岸城镇自身废物处理问题的途径，一是通过建立沼气池实现废物循环利用，二是通过召开村务会议以及科技下乡等方式，引导农民用科学方式处理秸秆及塑料薄膜等。对于城市扩张产生的垃圾向口岸城镇的转移问题，要通过改革现有环境治理资金筹措模式、加大环境执法监督力度等方式，加强口岸城镇环境保护，建设以"口岸城镇景观与生态服务"为核心的新的口岸城镇支持系统。

第四，健全口岸城镇化建设中的生态补偿与多种融资机制。当前西南地区在生态补偿标准、生态补偿监督等方面都存在不利于城乡环境保护的问题。这损害了最基本的环境公平，造成了生态环境的破坏。解决这一问题，一是要本着环境公平的原则，提高对西南地区资源开发的补偿标准。西南地区是能源的供给地，而开发能源的大部分企业是东部地区的企业，这些企业在开发过程中对当地环境责任心需要加强。二是要完善生态补偿的相关法律法规，在广泛征求各方意见的基础上出台生态补偿法律法规，实现生态补偿的顺利实施。三是要增加生态补偿资金来源，可以考虑在西南地区单独设置生态税，对煤炭、石油等资源型产品的生产加工者征收一定比例的税。四是要积极利用国外资金、国债资金等，形成多元化的资金来源格局。

参考文献

国内文献

著作：

白光润、段志英、高莎丽、千庆兰编著《中国边境城市》，商务印书馆，2000。

《邓小平文选》第三卷，人民出版社，1993。

范宏贵等：《中越边境贸易研究》，民族出版社，2006。

《防城县志》编委员会编《防城县志》，广西人民出版社，1993。

广西北部湾经济区规划建设管理委员会编《广西北部湾经济区发展规划》，广西人民出版社，2010。

《广西航运史》编审委员会编《广西航运史》，人民交通出版社，1991。

广西壮族自治区地方志编纂委员会编《广西通志·邮电志》，广西人民出版社，1994。

广西壮族自治区交通厅史志编审委员会编《广西公路史》，人民交通出版社，1991。

广西壮族自治区通志馆编《广西历史上的今天》，广西民族出版社，2003。

黄铮、肖永孜主编《广西改革开放20年》，广西人民出版社，1998。

李甫春等：《千年等一回——广西实施西部大开发战略理论构想》，民族出版社，2001。

李品仙：《广西边务概要》（内部资料），1935。

刘锋、钱谊、逯宇铎、刘媛媛编著《国际物流》，清华大学出版社，2012。

刘平量、曾赛丰：《城市化：制度创新与道路选择》，湖南人民出版社，2006。

龙州县地方志编纂委员会编《龙州县志》，广西人民出版社，1993。

凭祥市志编纂委员会编《凭祥市志》，中山大学出版社，1993。

宋林清等编著《走向东南亚——云南外向型经济及口岸发展研究》，云南人民出版社，1993。

吴靖平：《科学的资源开发模式：走出"资源诅咒"怪圈》，中共中央党校出版社，2010。

张其泮等主编《中国商业百科全书》，经济管理出版社，1991。

中共广西壮族自治区委员会办公厅《广西之最》编写组编著《广西之最》，广西人民出版社，1988。

中国近代经济史资料丛刊编辑委员会编《帝国主义与中国海关·第四编·中国海关与中法战争》，科学出版社，1957。

中国口岸协会编著《中国口岸与改革开放》，中国海关出版社，2002。

中国人民政治协商会议全国委员会文史资料研究委员会编《文史资料选辑》第十辑，1990。

钟文典主编《广西通史》第二卷，广西人民出版社，1999。

期刊：

艾翅翔、刘变叶：《试论新疆边境口岸的城镇化发展》，《北方经济》2010年第18期。

曹贵雄：《以边境口岸辐射城镇化：西南边境地区发展模式研究》，《北方民族大学学报》2020年第3期。

陈敏曦：《西南水电之问》，《中国电力企业管理》2017年第13期。

邓玉函、曹晗：《产业发展与边境口岸城镇化路径选择：以靖西市为例》，《云南师范大学学报》（哲学社会科学版）2017年第3期。

刁光全：《中越边境开发功臣苏元春》，《文史春秋》2002年第3期。

董大敏：《城市化与经济发展研究综述》，《商业经济》2004 年第 10 期。

范宏贵、刘志强：《中越两国的跨境民族概述》，《民族研究》1999 年第
　　6 期。

高其勋、李文凯：《试论发展口岸经济》，《河北建筑科技学院学报》
　　（社会科学版）2003 年第 1 期。

国政、聂华、臧润国、张云杰：《西南地区天然林保护工程生态效益评
　　价》，《内蒙古农业大学学报》（自然科学版）2011 年第 2 期。

何红玲、陆凤娟：《广西边境地区新型城镇化发展模式研究》，《劳动保
　　障世界》2018 年第 24 期。

何维达、辛宇非：《中国城镇化发展研究》，《中国管理信息化》2014 年
　　第 3 期。

李灿松、武友德、周智生、斯琴：《西南民族地区特色经济与城镇化发
　　展研究》，《资源开发与市场》2007 年第 6 期。

李强、陈宇琳、刘精明：《中国城镇化"推进模式"研究》，《中国社会
　　科学》2012 年第 7 期。

李云：《试论口岸贸易与城市近代化》，《保山师专学报》2005 年第 6 期。

刘传江、郑凌云：《现代化进程中的人口转变：一个广义视野的考察》，
　　《南方人口》2002 年第 4 期。

刘增铁、丁俊、秦建华、范文玉：《中国西南地区铜矿资源现状及对地
　　质勘查工作的几点建议》，《地质通报》2010 年第 9 期。

路遇：《山东人口迁移和城镇化的新趋势》，《东岳论丛》1989 年第 2 期。

罗三仁：《解放前龙州商业兴旺与衰落》，《广西地方志》1983 年第
　　3 期。

罗文青：《和平与交往：广西边境地区跨国婚姻问题初探》，《广西师范
　　大学学报》（哲学社会科学版）2016 年第 1 期。

马艳：《中国少数民族地区城镇化问题研究综述》，《中国名城》2014 年
　　第 9 期。

谭成文、杨开忠：《京津第三产业分工协作特征》，《经济地理》1999 年

第 6 期。

汤茂林：《我国城市化研究存在的问题及发展方向》，《规划师》2001 年第 1 期。

韦建福：《近代广西边境口岸经济发展与军事战争因素的关系分析》，《南宁师范高等专科学校学报》2007 年第 4 期。

魏庆华：《对外经济贸易与我国城镇化发展的研究》，《环球市场》2015 年第 4 期。

夏强强、龚文婷、王琨琦：《新时代我国新型城镇化研究的发展与趋势》，《西南科技大学学报》（哲学社会科学版）2019 年第 1 期。

许成安：《论城市的城市化》，《财经科学》2001 年第 5 期。

许从付、刘晓鹰：《西南民族地区旅游城镇化发展问题研究——以阿坝藏族羌族自治州为例》，《贵州民族研究》2018 年第 5 期。

杨东萱：《西南边境民族地区城镇化研究——以云南省德宏州潞西市为例》，《经济问题探索》2011 年第 10 期。

杨利元、明庆忠：《云南省边境地区旅游业与城镇化发展协调度评价研究》，《云南农业大学学报》（社会科学）2019 年第 2 期。

杨林：《中国西南五省（区、市）城市化发展的路径研究》，《人力资源管理》2017 年第 6 期。

叶裕民：《中国城市化质量研究》，《中国软科学》2001 年第 7 期。

析出文献：

陈寿华：《边境贸易数百年》，载中国人民政治协商会议宁明县第七届委员会文史资料编纂委员会编《宁明县文史资料》第七辑，2006。

李若檀：《鲜为人知的中越边贸恢复初期》，载政协凭祥市委员会文史资料委员会编《凭祥文史》第六辑，2006。

李若檀：《友谊关名考》，载中国人民政治协商会议广西壮族自治区凭祥文史资料工作委员会编《凭祥文史资料》第二辑，1992。

龙泉：《昔日的平而河》，载中国人民政治协商会议广西壮族自治区凭

208

祥文史资料工作委员会编《凭祥文史》第三辑，1995。

陆汉邦：《龙州具有"广西之最"34件》，载政协龙州县文史资料委员会编《龙州文史资料》第十辑，1990。

苏文：《开放六年的凭祥》，载政协凭祥市委员会文史资料委员会编《凭祥文史》第五辑，1999。

苏忠文：《爱店建镇记》，载中国人民政治协商会议宁明县第七届委员会文史资料编纂委员会编《宁明县文史资料》第七辑，2006。

赵甘乐：《援越抗美期间的凭祥市蔬菜生产基地》，载政协凭祥市委员会文史资料委员会编《凭祥文史》第六辑，2006。

朱浤源：《从变乱到军省：广西的初期现代化，1860－1937》，载《"中研院"近代史研究所集刊》，1995。

学位论文：

李江成：《新疆生产建设兵团城镇化发展研究》，硕士学位论文，石河子大学，2010。

李巧莲：《黑龙江省沿边口岸发展研究》，硕士学位论文，哈尔滨商业大学，2015。

李文花：《延边口岸与口岸经济发展》，硕士学位论文，延边大学，2005。

韦建福：《广西边境口岸城镇化发展研究》，硕士学位论文，广西师范大学，2008。

张秋云：《云南小城镇建设与发展研究》，硕士学位论文，昆明理工大学，2011。

英文文献

Hansen N. , "Impacts of Small and Intemediate-sized Cities on Population Distribution: Issues and Responses," *Regional Development Dialogue* (1990).

Henderson J. V. , How Urban Concentration Affects Economic Growth, *Policy Re-*

search Working Paper 2326, The World Bank, Washington D. C. 2000.

Henderson J. V. , Lee T. , Lee J-Y, *Externalities and Industrial Deconcentration under Rapid Growth*, Providence: Brown University Press, 1999.

Henderson J. V. , *Urban Development: Theory, Fact and Illusion*, New York: Oxford University Press, 1988.

Kuznets S. , *Economic Growth of Nations: Total Output and Production Struture*, Boston: Harvard University Press, 1971.

Lucas Jr R. E. , "On the Mechanics of Economic Development," *Journal of Monetary Economics*, 1988.

Nurkse R. , *Problems of Captial Formation in Underdeveloped Countries*, New York: Oxford University Press, 1953.

Ravenstein E. G. et al. , "The Laws of Migration," *Journal of the Statistical Society*, 1885.

Renaud B. , *National Urbanization Policy in Development Countries*, New York: Oxford University Press, 1981.

Schumpeter J. A. , *The Theory of Economic Development*, Boston: Harvard University Press.

图书在版编目（CIP）数据

西南边境口岸城镇化发展研究／翁维著. —— 北京：
社会科学文献出版社，2021.7
ISBN 978 - 7 - 5201 - 8727 - 5

Ⅰ.①西… Ⅱ.①翁… Ⅲ.①城市化 - 研究 - 西南地
区 Ⅳ.①F299.277

中国版本图书馆 CIP 数据核字（2021）第 143677 号

西南边境口岸城镇化发展研究

著　　者／翁　维

出 版 人／王利民
责任编辑／陈凤玲　李真巧
文稿编辑／高艳君　薄子桓

出　　版／社会科学文献出版社·经济与管理分社（010）59367226
　　　　　地址：北京市北三环中路甲 29 号院华龙大厦　邮编：100029
　　　　　网址：www.ssap.com.cn
发　　行／市场营销中心（010）59367081　59367083
印　　装／三河市尚艺印装有限公司

规　　格／开　本：787mm × 1092mm　1/16
　　　　　印　张：13.5　字　数：193 千字
版　　次／2021 年 7 月第 1 版　2021 年 7 月第 1 次印刷
书　　号／ISBN 978 - 7 - 5201 - 8727 - 5
定　　价／89.00 元

本书如有印装质量问题，请与读者服务中心（010 - 59367028）联系